Contraste insuffisant
NF Z 43-120-14

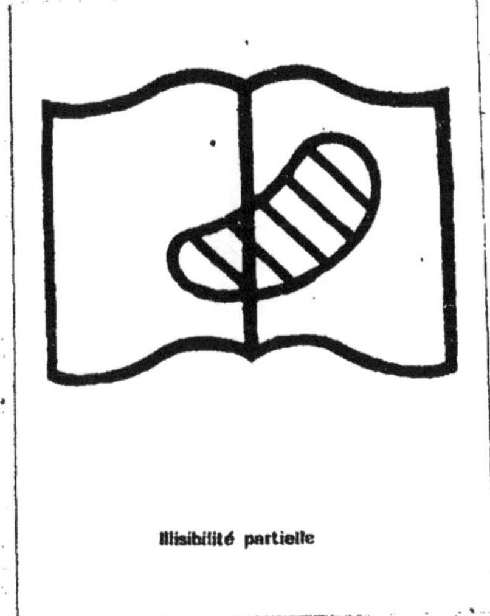

Illisibilité partielle

Original en couleur
NF Z 43-120-8

Couverture inférieure manquante

NOTES

SUR

LES ACTES DE FRANÇOIS Ier

CONSERVÉS

Dans les Archives de Turin, Milan, Gênes
Florence, Modène et Mantoue

PAR

P. M. PERRET

Archiviste paléographe, auxiliaire de l'Académie des sciences morales et politiques

PARIS

ALPHONSE PICARD, ÉDITEUR

Libraire des Archives nationales de la Société de l'École des Chartes
82, RUE BONAPARTE, 82

1888

(1)

NOTES

SUR LES ACTES DE FRANÇOIS Ier

MACON, IMPRIMERIE PROTAT FRÈRES

NOTES

SUR

LES ACTES DE FRANÇOIS IER

CONSERVÉS

Dans les Archives de Turin, Milan, Gênes,
Florence, Modène et Mantoue

PAR

P. M. PERRET

Archiviste paléographe, auxiliaire de l'Académie des sciences morales et politiques

———

PARIS

ALPHONSE PICARD, ÉDITEUR

Libraire des Archives nationales de la Société de l'École des Chartes

82, RUE BONAPARTE, 82

———

1888

Sur la proposition de M. Geffroy, l'Académie des Sciences morales et politiques, le 21 novembre 1885, nous désignait « pour la mission spéciale de chercher dans les Archives italiennes et de lui faire connaître par d'exactes transcriptions les ordonnances inédites ou mal publiées du règne de François Ier [1] ». L'Académie des Sciences morales et politiques, qui continue la publication des ordonnances abandonnée par l'Académie des Inscriptions et Belles-Lettres, a modifié un peu le plan suivi par ses prédécesseurs : non contente des ordonnances proprement dites, elle a décidé de réunir les édits, les lettres patentes, de provision, les traités, les commissions, etc., de François Ier. C'est pour exécuter toutes les conditions de ce programme qu'elle n'a pas voulu négliger les archives italiennes et qu'elle nous a chargé de les explorer.

Les relations de François Ier avec le duc de Savoie, son oncle, avant 1530, l'occupation du Piémont et son annexion à la couronne après cette date, les prétentions sur le comté d'Asti et le marquisat de Cève transmises par Louis XII à son successeur, l'occupation de ces

---

1. Nous étions aussi accrédité auprès des agents diplomatiques et consulaires en Italie, par une lettre du ministère des affaires étrangères, en date du 13 décembre 1885.

seigneuries par les armées françaises, nous promettaient à Turin une copieuse moisson, sinon d'ordonnances, du moins de lettres patentes ; d'autre part, la conquête du Milanais, l'établissement de l'administration royale dans le duché, nous faisaient concevoir de grandes espérances sur les Archives milanaises, tandis que les vicissitudes de la domination française à Gênes nous annonçaient dans cette ville une récolte aussi abondante qu'à Turin. Ces prévisions ne se sont réalisées qu'en partie ; par contre, nous avons trouvé ce que nous ne cherchions pas : un grand nombre de lettres missives. François I⁰ʳ, en effet, ne renonça jamais au Milanais : jusqu'à sa mort, il guetta l'occasion et chercha à susciter des évènements qui pourraient donner lieu à son intervention et à son retour en Lombardie ; à cet effet, il ne cessa d'entretenir des rapports avec les États italiens secondaires ; il s'efforça même à plusieurs reprises, dans la seconde partie de son règne, de les unir dans une ligue générale contre Charles-Quint. De cette activité diplomatique est résulté un échange continuel de dépêches entre les diverses cours et la cour de France. Il n'est donc pas étonnant que nous ayons rassemblé près de cinq cents lettres missives adressées par François I⁰ʳ aux ducs de Savoie, de Milan, de Ferrare et de Mantoue, et à la seigneurie de Florence. Tous ces gouvernements entretenaient des ambassadeurs auprès du roi ; à Milan, à Florence et à Modène, on conserve leur correspondance entière. Le temps limité dont nous disposions ne nous a pas permis de nous occuper de ces derniers documents : nous nous sommes borné en effet à réunir les actes publics ou privés émanés directement du roi.

Notre tâche a été singulièrement facilitée par M. Geffroy qui, dans le courant de l'année 1885, avait, au nom de l'Académie, invoqué le concours des directeurs des principales archives italiennes : tous avaient répondu à son appel et envoyé le résultat de leurs recherches. Nous n'avons eu qu'à les compléter. La démarche de M. Geffroy a donc allégé considérablement notre travail et nous a valu partout l'accueil le plus cordial.

Nous avons visité Turin, Milan, Gênes, Florence, Bologne, Modène et Mantoue[1].

En résumé, nous avons recueilli deux cent quarante lettres patentes inédites sur lesquelles trente et une avaient déjà été communiquées par les directeurs des Archives.

Nota. — Dans le dépouillement qui va suivre les documents sont rangés chronologiquement sous le

[1]. Des circonstances indépendantes de notre volonté nous ont empêché de nous rendre à Venise. D'autre part, nous savions, grâce à M. Capasso, que les archives de Naples ne possèdent aucun document de François Ier. Au Vatican, nous ne pouvions trouver que quelques lettres missives. Quant aux deux lettres patentes de l'année 1517, découvertes à Brescia par Morbio (*Francia ed Italia ossia i manoscritti francesi delle nostre biblioteche*, Milano, Ricordi, 1873, p. 47), ce sont des actes du Sénat de Milan.

titre de chacune des séries dont ils font partie. Les pièces privées de l'indication de la langue en laquelle elles sont rédigées sont françaises. Nous nous sommes efforcé de noter les pièces déjà publiées, mais nous ne nous nous dissimulons pas combien cette bibliographie faite à la hâte, avec les répertoires arriérés qu'on rencontre en voyage, doit être incomplète. Les lettres patentes sont analysées sous la forme indirecte, et les lettres missives sous la forme directe. Lorsque nous avons trouvé les copies de certains actes très connus et publiés dans tous les grands recueils diplomatiques, tels que le traité de Madrid, le contrat de mariage de Catherine de Médicis, etc., dont toutes les archives d'Italie possèdent plusieurs exemplaires, nous avons cru pouvoir nous abstenir de les signaler.

TURIN.

ARCHIVIO DI STATO.

Ces archives sont peut-être les mieux classées parmi les
archives italiennes. Elles possèdent deux inventaires impri-
més, œuvre du feu surintendant M. Nicomède Bianchi[1]; de
plus, à chacune des principales collections, correspond un
catalogue manuscrit; quoique anciens (ils datent presque tous
du xviiiᵉ siècle), ces catalogues sont fort bien faits et très
commodes ; les matières y sont distribuées par ordre alphabétique de localités, et pour chaque localité par ordre chronologique. Nous étions recommandé à M. le baron Bollati
de Saint-Pierre, surintendant des archives piémontaises, par
M. Paul Meyer, associé étranger de l'Académie des sciences
de Turin. Cette haute recommandation a augmenté, à notre
égard, la bienveillance déjà si grande de M. de Saint-Pierre.
Avec une obligeance sans égale, il nous a prêté son concours
dans nos recherches, a mis à notre service sa connaissance
approfondie des archives et de l'histoire piémontaises, et a
bien voulu se charger des recherches à faire dans les dépôts
dépendant de sa surintendance. Qu'il nous soit donc permis
de consigner ici, avec l'expression de notre sincère reconnaissance envers lui, nos plus vifs remerciements.

Les archives piémontaises renferment une quantité assez
considérable d'actes de François Iᵉʳ, et les originaux y sont
plus nombreux que les copies. De l'étude de ces documents,

1. *Le materie politiche relativi all' estero degli archivi piemontesi.* Turin,
Bocca, 1876, in-8°, xxix-750.

*Le carte degli archivi piemontesi politici, amministrativi, giudiziarii, finan-
ziari, comunali, ecclesiastici e di enti morali.* Turin, Bocca, 1880, in-8°, xxxix-
568.

de leur simple classement chronologique, ressortent deux faits : jusqu'en 1527 ou 1530, le gouvernement français, qui a besoin du *portier des Alpes*, d'abord pour entrer, puis pour se maintenir, enfin pour revenir en Italie, ménage le duc de Savoie. Les bons procédés n'ayant pas empêché celui-ci de pratiquer la politique traditionnelle de sa maison, c'est-à-dire de passer à l'ennemi vainqueur, François Ier envahit la Savoie et le Piémont et les incorpore à la France. Dans cette seconde période, le roi, organisant sa conquête, crée un Parlement et une Chambre des Comptes à Turin, et y installe des institutions toutes françaises. Malheureusement les archives de ce Parlement et de cette Chambre des Comptes n'existent plus.

Voici la liste des séries que nous avons examinées avec fruit et les résultats de cet examen :

Negoziazioni. Francia. Mazzo 1[1]. — Paris, 1er février 1515/6. Passeport délivré au duc de Savoie en vue du voyage qu'il devait faire à la Sainte-Beaume. — Paris, 9 octobre 1516. Mandement de François Ier à ses officiers, leur défendant de laisser entrer en France les sujets rebelles du duc de Savoie. — Saint-Lanfranc, près Pavie, 11 novembre 1524. Nomination du duc de Savoie comme capitaine de 20 hommes d'armes et 48 archers. — Fontainebleau, 21 avril 1533. Passeport délivré à la duchesse de Savoie se rendant en Espagne.

Trattati. Mazzo 6. — Lyon, 9 mars 1515/6. Mandement au Sénat de Milan, lui ordonnant de livrer au duc de Savoie les malfaiteurs savoyards réfugiés sur le territoire français. — Paris, 18 février 1516/7. Notification de François Ier à Charles III de Savoie, qu'il a été compris dans le traité de Noyon. — Lyon, 10 septembre 1523. Abandon par François Ier au duc de Savoie de ses droits sur le comté de Nice et la

---

1. Toutes les pièces qui ne sont pas décrites spécialement sont des originaux sur parchemin.

seigneurie de Verceil. — Saint-Lanfranc, près Pavie, 11 novembre 1524. Donation à Charles III de Savoie d'une pension de 10.000 écus.

Corti Estere. Francia. — Milan, 16 septembre 1515. Nomination de Jean de Gonzague comme capitaine d'une compagnie de 50 lances. — Lyon, 12 avril 1516/7. Mandement au général des finances de rembourser au chancelier Duprat 10.000 écus qu'il avait prêtés au roi. — Saint-Germain-en-Laye, mai 1519[1]. Lettres de naturalité pour le duc d'Urbin et sa fille Catherine. — Saint-Germain-en-Laye, 21 juillet 1519. — Don de 12.000 livres à Catherine de Médicis.

Matrimoni. Mazzo 19. — Saint-Germain-en-Laye, 3 mars 1526/7. Commission à Jean Brinon, à Robertet, à Anne de Montmorency, au chancelier Duprat et au cardinal de Tournon de traiter le mariage du prince de Piémont, fils aîné du duc de Savoie, et de Marguerite de France. — Saint-Germain, 7 avril 1526/7. Contrat de mariage susdit. — Compiègne, 27 septembre 1527. Commission à Louis des Barres pour jurer au nom de François Ier l'observation des articles du contrat et remettre au prince de Piémont le collier de l'ordre. — Compiègne, 26 septembre. Ratification par François Ier du contrat de mariage. — Fontainebleau, 10 août 1528. Serment prêté par le roi d'observer les conditions stipulées dans le contrat de mariage.

Nous avons trouvé dans ce dossier deux lettres missives, l'une de François Ier et l'autre de sa mère, adressées au duc de Savoie; écrites toutes les deux le même jour de Saint-Germain-en-Laye et à l'occasion de ce mariage, elles dénotent, particulièrement celle de la reine mère, tout le prix que la cour de France attachait à l'amitié du duc de Savoie. Nous ne reproduirons pas celle du roi qui est assez insignifiante et dans le fond et dans la forme, mais celle de sa mère mérite d'être citée :

1. *Catalogue des actes de François Ier*, n° 1039.

(10 avril 1526).

« Mon frere. La finalle conclusion de l'affaire que j'ay tant desiré donnera joye commune à vous et à moi telle qu'elle se peult myeulx penser que dire, avec le parfaict contentement que sans jamais en doubter, vous pouvez tenir ceste amytié indissoluble, puisqu'il est ainsi que le Roy dit et declaire vos enffans seiens, et vous, les seiens vostres ; vous asseurant, mon frere, que ledit s[r] en continuel propos s'esjouyst d'entreprendre de faire de vostre maison la seienne, et de meetre d'icy en avant l'une et l'aultre en mesme faveur, esperance et fortune, comme vous entendrez plus au long de mons[r] le grant maistre et président, lesquelz vous scauront rendre si bon compte de toutes choses, qu'il n'est besoing de vous faire autre escripture ; priant nostre s[r], mon frère, qu'il vous ait en sa saincte garde. Escript de Saint-Germain-en-Laye le xe jour d'avril.

« La toute vostre bonne mere et sœur,

« LOYSE. »

(Au dos :) « Monsr de Savoye, mon bon frere. »

Cariche et comandi conferiti da principi stranieri aquelli di Savota. — Saint-Germain-en-Laye, 8 avril 1526/7. Provision du prince de Piémont comme capitaine d'une compagnie de 100 lances.

Protocolli[1]. — Chambéry, 11 mars 1527/8. Traité d'alliance entre le roi de France et le duc de Savoie (t. 210, f. 65).

Materie economiche. — Gien-sur-Loire, 12 août 1523[2]. Révocation de la crue mise sur le sel transporté par le Rhône pour

---

1. Cette série, une des plus importantes des archives de Turin, embrasse la période comprise entre 1301 et 1676 ; elle contient les minutes de la chancellerie ducale et ne se compose que de registres sur papier. (V. Bianchi, *Le carte degli archivi piemontesi*, etc., p. 15.)

2. Catalogue des actes de François Ier, n° 1383.

le Dauphiné et la Savoie (copie du xvii° s.). — Paris, 2 février 1543/4. Ordonnance de François I°ʳ sur le péage de Suse avec un tarif (*Dacito di Susa. Mazzo* 2, n° 1).

Marchesato di Saluzzo. — Milan, 22 octobre 1515. Réception par le roi de l'hommage du m¹ˢ de Saluces (4° catég. *Mazzo* 9, f. 463. Copie du xvi° s.). — Vigesne, 11 novembre 1515. Provision du m¹ˢ de Saluces comme capitaine de 50 lances (9° catég. *Mazzo* 1, n° 26). — Cadcrousse, 5 septembre 1524. Provision du m¹ˢ de Saluces en qualité de lieutenant général du roi en Milanais (*ibid., ibid.,* n° 27). — Fontainebleau, 17 décembre 1526. Provision du m¹ˢ de Saluces comme capitaine de 100 lances (9° catég. *Mazzo* 2, n° 3). — Anet, 8 janvier 1526/7[1]. Confirmation par François I°ʳ du don du comté de Castres fait par sa mère à la marquise de Saluces (*ibid. Mazzo* 2, n° 1). — Anet, 6 avril 1527/8. Provision du m¹ˢ de Saluces comme gouverneur de la ville et du comté d'Asti (*ibid. Mazzo* 1, n° 2). — Saint-Germain-en-Laye, 1°ʳ septembre 1528. Provision du m¹ˢ de Saluces de l'office de grand maréchal de Guyenne (*ibid., ibid.,* n° 5). — Saint-Germain-en-Laye, 2 septembre 1527. Provision du m¹ˢ de Saluces comme lieutenant général du Roi dans l'expédition de Naples (*ibid., ibid.,* n° 4). — Romorantin, 2 juin 1529. Provision du m¹ˢ de Saluces comme lieutenant général du roi au delà du Pô en l'absence du comte de Saint-Pol (*ibid., ibid.,* n° 7). — Blois, 8 mars 1529/30. Décharge du m¹ˢ de Saluces pour avoir remis au roi tous les actes dressés lors de la livraison du comté d'Asti aux commissaires de l'empereur (*ibid., ibid.,* n° 3). — Bury, 9 mai 1530. Instructions pour le capitaine Léonard, dépêché à la marquise de Montferrat afin de négocier le mariage de sa fille avec François de Saluces (2° cat. *Mazzo* 1, n° 43). — Montbrison, 1°ʳ mai 1536. Réintégration du m¹ˢ de Saluces en possession de plusieurs fiefs (4° cat. *Mazzo* 9, n° 1, f. 33).

---

1. V. Catalogue des actes de François I°ʳ, n° 2583.

Citta e provincia di Saluzzo. Conti de tesorieri del re di Francia, n° 3[1]. — Compiègne, 8 mars 1536/7. Provision de M. d'Humières comme lieutenant général du roi en Italie, f. 136. — Fontainebleau, 6 juin 1538. Ordonnances pour la Chambre des Comptes de Piémont, f. 54. (V. *Archivio di stato. Sezione* 3*. Inventaire 4, *séria* 1* fol. 3). — Villeneuve-de-Tende, 13 juin 1538. Lettres d'office de Claude de Bourges, général des finances de Savoie et Piémont, f. 50. — Saint-Pris, 15 juin 1538. Provision de M° Oronce Eme de l'office de président de la Chambre des Comptes, f. 6. — Saint-Pris, 15 juin 1538. Provision de l'office de maltres des comptes pour Johannet Destra, f. 14; Jean André, f. 17; Coeffier, f. 22; Simon Babou, f. 23. — Saint-Pris, 15 juin 1538. Provision de l'office d'huissier de la Chambre des Comptes pour Jean Peytieu, fol. 276. — Saint-Pris, 15 juin 1538. Copie de « l'estat du roy » pour le payement des gages des gens des comptes de Piémont, f. 32. — Saint-Pris, juin 1538. Création de la Chambre des Comptes de Piémont, f. 2. (V. *Archivio di stato. Sezione* 3*. Invent. 4, *seria* 1*, fol. 3.) — Bourges, 17 août 1538. Lettres d'office de premier huissier au parlement de Piémont pour Maffolat, f. 110. — Chantilly, 20 novembre 1538. Provision de François Andrecy comme conseiller au parlement de Piémont, f. 96 v°. — Paris,

1. Le compte n° 3 des trésoriers de Saluces forme un volume in-4° contenant 286 feuillets de parchemin. A la feuille de garde on lit, d'une écriture du XVI° s. : « Compte de la recepte générale de Piedmont pour l'année courant mil cinq cens trente neuf, finie le dernier jour de décembre l'an de la Nativité de Nostre Seigneur mil V° XL. Pour le receveur général. » Au début du compte, une table incomplète des pièces qui sont transcrites dans le volume a été dressée de nos jours. Il comprend, outre les pièces que nous indiquons :

1° 20 décembre 1516. Transaction entre le duc Charles de Savoie et la ville de Mondovi, f° 147.

2° 5 novembre 1417. Donation par le duc de Savoie, prince d'Achaïe, de 50 florins de rente aux frères mineurs de Mondovi, f° 157.

3° 8 mars 1417/8. Fondation par le même du couvent de Saint-François de Moncalieri, f° 166.

4° Les comptes de François de la Colombière, 1539, f°°. 186-258.

5° Compte rendu par les filles de la Colombière des sommes perçues et payées par leur père dans l'exercice de ses fonctions de trésorier, f°° 260-286.

14 décembre 1538. Lettres d'office pour M⁰ Antoine Orber, f. 89 v⁰. — Paris, 17 décembre 1538. Ordre de payer 200 l. t. par mois à l'abbé Bourgarel, chargé de tenir le compte des munitions de Piémont, f. 119 v⁰. — Fontainebleau, 13 février 1538/9. Etat des pensions que le roi a accordées à quelques personnages en Piémont, f. 65 v⁰. — Fontainebleau, 16 février 1538/9. Provision de François Enault comme président du parlement de Piémont, f. 73. — Fontainebleau, 16 février 1538/9. Provision de l'office de conseillers au parlement de Piémont pour Nicolas Cabaret, f⁰ 77; Antoine Andreis, f. 81; Barthélemy Eme, f. 85; Jacques Morin, f. 93; Jean Jossault, f. 99; Monsʳ de Farges, f. 103 v⁰; Martial Garril, f. 107. — Fontainebleau, 16 février 1538/9. Lettres d'office pour Louis Jacquelot comme deuxième huissier du parlement de Piémont, f. 113 v⁰. — Fontainebleau, 16 février 1538/9. Provision pour M⁰ Malfrey Grast comme avocat général au parlement de Piémont, f. 116 v⁰. — Fontainebleau, février 1538/9. Création du parlement de Piémont siégeant à Turin, f. 67. — Fontainebleau, 6 juin 1540. Provision de François de la Columbière comme trésorier et receveur général en Savoie et en Piémont, f. 55. — Vuantenille[1], 10 août 1540. Provision de Louis Antoine de Savoie, comte de Pancalieri, comme chevalier et conseiller de robe courte au parlement de Turin, f. 136 v⁰. (V. *Pinerolo. Mazzo* 11, n⁰ 9.) — Copie des 13ᵉ, 26ᵉ et 27ᵉ articles des premières ordonnances données par le Roi au parlement de Piémont, f. 137, 137 v⁰ et 138 v⁰. — Copie du 1ᵉʳ article des secondes ordonnances du Roi, f. 139.

Princes de Genevois et de Nemours. — Aix, 2 octobre 1524[2]. Déclaration en faveur de la duchesse d'Angoulême à propos de la juridiction du bailli de son duché de Nemours (5ᵉ catég., paquet 24, n⁰ 31). — Paris, juin 1528[3]. Erection du comté de

---

1. En réalité, Watteville (Eure), arrondissement de Louviers, canton de Pont-de-Lerche.
2. Catalogue des actes de François Iᵉʳ, n⁰ 2082.
3. *Ibid.*, n⁰ 3033.

— 8 —

Chartres en duché en faveur de Renée de France (*ibid.*, n° 7).
— Fontainebleau, juillet 1528[1]. Don à Renée de France et à
Hercule d'Este, duc de Ferrare, son mari, du duché de
Chartres, etc. (*ibid.*, n° 8). — Saint-Germain-en-Laye,
22 décembre 1528[2]. Don du duché de Nemours, y compris
les châtellenies de Château-Landon, Pont-sur-Seine et Nogent,
à Philippe de Savoie, comte de Genevois, à l'occasion de son
mariage avec Charlotte d'Orléans (*ibid.*, n° 9). — Paris,
20 mars 1533/4. Don à Renée de France et à Hercule d'Este
d'une pension de 25.000 l. t. assise sur Chartres, Montargis et Gisors (5e cat., p. 2, n° 3). — Lyon, 7 octobre 1536.
Mandement aux trésoriers généraux de laisser jouir Charlotte
d'Orléans, veuve du comte de Genève, des revenus du duché
de Nemours (*ibid.*, paquet 3, n° 2. Dans un vidimus du conseil de Jacques de Savoie du 15 février 1537). — Annecy,
28 mars 1536/7. Sommation faite par le héraut d'armes de
France, Normandie, de livrer au roi dans les 24 heures ses
villes et châteaux et de lui prêter foi et hommage (ibid., p. 3,
n° 1). — Saint-Just-sur-Lyon, 12 septembre 1542. Mandement
aux officiers royaux de ne pas inquiéter le duc de Savoie dans
la jouissance des privilèges qu'avaient ses prédécesseurs
(2e cat., paquet 4, n° 4). — Nemours, 12 mai 1543/4. Main
levée des comtés d'Albon et de Pinet en faveur de Guillaume
de Poitiers, s^r de Saint-Vallier (7e cat., paquet 2, n° 3).

Provincia d'Asti. — Amboise, novembre 1516. Confirmation
des privilèges de la ville d'Asti (*Mazzo 5*, n° 3). — Paris,
16 février 1516/7. Déclaration de François Ier portant que
les vassaux de l'église d'Asti devront payer leur part des
600 écus dont la ville est imposée (*Mazzo 24*, n° 6). — Asti,
10 décembre 1529. Procès-verbal de la remise de la ville
d'Asti par les commissaires du roi à ceux de l'empereur
(*Mazzo 5*, n° 17).

Citta e contado di Nizza. — Amboise, 12 juin 1515. Nomina-

1. Catalogue des actes de François Ier, n° 3074.
2. *Ibid.*, n° 3270.

tion d'Onorat Grimaldi comme conseiller et chambellan du roi (*Mazzo* 21, r° 15). — Paris, 24 mars 1516/7. Confirmation par François Ier de l'autorisation accordée par Louis XI à Amédée de Savoie de percevoir un droit de deux pour cent sur les marchandises françaises traversant la mer de Nice (*Diritto di Villafranca*, Mazzo 7, n° 6). L'analyse seule de la pièce subsiste à Turin, mais la Bibliothèque nationale en conserve une copie (ms. fr. 3944, f. 62).

Monaco. — Lyon, 7 octobre 1523[1]. Ordre aux parlements de Provence et de Dauphiné d'arrêter Barthélemy Doria de Dolceaqua, meurtrier de Lucien Grimaldi (*Mazzo* 9, n° 47).

Alba. — Milan, 7 janvier 1515/6. Le roi informe les syndics de Brà qu'il a donné les revenus de leur ville à Jean Roero et leur ordonne de les lui payer (*Mazzo* 2, n° 2). — Saint-Germain-en-Laye, 2 avril 1515/6. Lettres patentes du roi homologant la donation susdite (ibid, n° 22).

Ducato di Milan. — 5 mai 1529. Confédération faite à Lucerne entre les Suisses et François Ier.

Pinerolo. — Châteaubriant, mai 1532. Edit réglant les conditions d'héritage des religieux et religieuses du Dauphiné (paquet 25, n° 2).

Bridiers-Maleval-Maulevrier. — Saint-Just-sur-Lyon, mars 1524/5. Don par Louise de Savoie de la succession de Philiberte de Savoie, duchesse de Nemours, au duc de Savoie, son frère (paquet 4, n° 27).

Torino. — Fontainebleau, 16 février 1540/1. Don à Jean Torino du droit d'habitation dans le château de Stuppinigi (*Mazzo* 28, n° 8). — La Chaussière, 21 juillet 1541. Abandon

---

1. V. Caix de Pierlas, *Documents inédits sur les Grimaldi de Monaco.* Turin, Bocca, 1884, p. 133.

pour quatre ans à la commune de Moncalieri d'un cens annuel de 40 ducats établi sur cinq fours. (Dans un vidimus de René Birague, maître des requêtes, du 15 mai 1544, à Turin. *Mazzo* 20, n° 39.) — Fontainebleau, 4 décembre 1543. Don à Jean Torino du château et de la juridiction de Stuppinigi sa vie durant. (A cette pièce sont jointes : 1° la confirmation du même don par Henri II, Fontainebleau, 23 septembre 1547; 2° la vérification de la Chambre des Comptes de Piémont, Turin, 26 mars 1549/50; 3° une copie de l'enregistrement de la donation de François Ier par le parlement de Piémont, Turin, 15 février 1544/5.) (*Mazzo* 28, n° 14.)

Traité avec les Suisses. — Paris, 19 mars 1514/5. Commission de François Ier au duc Charles III de Savoie, son oncle, pour traiter et conclure, tant par lui-même que par ses députés, au nom du Roi, la paix avec les cantons suisses de la Haute-Allemagne et faire avec eux une ligue offensive et défensive pour la défense des États que la France possédait en Italie (paquet 4, n° 7).

Genova. Republica e riviera. — Milan, janvier 1515/6. Confirmation par François Ier des privilèges accordés par Louis XII à la ville de Savone. (*Savona. Mazzo* 1, n° 1, f. 78 v°. La donation de Louis XII, f. 70, est de juillet 1507 à Savone.)

Ordini militari. — Compiègne, 28 septembre 1527. Commission de François Ier au s^r des Barres pour porter au prince de Piémont, fils aîné du duc de Savoie, le collier de l'ordre de Saint-Michel dont il avait été décoré en raison de son mariage avec Marguerite de France (*Mazzo* 1, n° 1).

Raccolta Balbo. — Nous ne mentionnons que pour mémoire cette coll. formée de 338 vol. et relative à l'histoire de France (v. Bianchi, *Le carte degli archivi piemontesi*, etc., p. 72), car elle ne se compose que de copies exécutées au xviiie siècle ; de plus, les 21 volumes (19-38 bis) concernant le règne de François Ier ne sont que des reproductions plus ou moins

complètes et dans un grand désordre des manuscrits du fonds
Béthune, conservés aujourd'hui à la Bibliothèque nationale de
Paris sous les n°° 2935 à 3097 du fonds français.

Carteggio generale. Lettere di Principi esteri. Francia. —
Cette série nous a donné 14 lettres missives.

Paris, 2 janvier 1515. François Ier annonce aux cantons des
ligues suisses son avènement au trône[1].

Les lettres qui suivent ont plus de rapports avec les affaires
de Savoie. D'abord, sur le point de franchir les Alpes, le roi
adresse à son oncle une lettre très longue et très curieuse, où
il définit le rôle de la Savoie dans la campagne qui va s'ouvrir,
mais il faut tout citer :

« Mon oncle. Je vous ay par plusieurs foiz prié que vostre
plaisir fust m'aider à mon entreprise où suys de present, sur-
quoy m'aves tousjours mandé que en temps et lieu vous
declaireriez et me donneriez à cognoistre que aves desir et
voulenté de me favoriser, assister et secourir, comme vostre
prouchain parent, et que desirez, de tout vostre cueur, mon
honneur et avancement. Sy vostre voulenté est telle, est de
besoing presentement le monstrer par effect. Je suis prest à
passer les montz avecques toute mon armée. Les Souysses
mengent, destruisent et affolent vostre pays, donnent l'assault
et assiegent voz places, et croy que, par fin de compte s'ilz
pouvoyent tenir vostre personne, vous joueroient quelque
mauvais jeu. Je ne scay quel temps vous actendez pour vous
deslivrer de la captivité où ilz vous tiennent : vous me (*sic*)
trouveres jamais les choses mieux à propos pour vous venger
d'eux que à ceste heure, si vous le voules entendre, il vous
donne occasion et cause de ce fere. Voz pays et subgectz sont
mutinez contre eulx, et ne leur sera riens impossible à faire
pour les chasser. Je suys auprés de vous avecques une grosse
armée, et telle ne me scauroient resister. Les Venissiens,

1. Mignet, *Rivalité de François Ier et de Charles-Quint*, I, p. 62

Genevoys et du marquisat de Montferrat sont là, l'aultre cousté
en armes pour favoriser mon entreprise ; sy vous desclairez
estre contre eulx, et assemblez gens pour rompre les vivres et
favoriser vostredict pays et subgectz, en quoy faisant, je ne
faitz nul doubte qu'on les rendra de telle sorte que de long
temps n'auront puissance de endompmager vous ne aultre.

« Mon oncle, actendu les choses dessus dictes, et ce que vous
maves promys et fect dire par voz gens, je vous prie que vous
vueilles ouvertement declairer pour moi et pour mon emprise,
aultrement si vous perseveres à dissimuler comme vous aves
fect jusques à présent, me donnerez à cognoistre que n'aves
volenté de m'aider ne secourir, et que la craincte en laquelle
ils vous ont tenuz jusques à présent, vous tient en telle sub-
gection que la préférez à l'amour que debves avoir envers moy,
comme vostre proche parent, et à recouvrer vostre liberté,
que debves trés chere d'avoir sur toutes choses, et quant est
de moy je m'esvertueray de faire mon cas sans vous, et ne
vous seray de riens tenu, et, pour resolution auray ceste
imagintation que on face de vous plus par crainte et subgec-
tion que par avis et liberalité, et sur ce adviseray comme
j'auray à me governer envers vous cy apprés. Et adieu mon
oncle qui vous ait en sa garde. Escript à Grenoble le cin-
quième jour d'aoust. » (Copie du temps.)

Le 5 avril 1516, de Lyon, le roi prie son oncle de renvoyer
en France des religieuses de Saint-Pierre de Lyon. Louis XII
avait ordonné leur réformation ; elles ne tinrent compte des
jugements prononcés contre elles, et lorsqu'on avait voulu
les exécuter, la supérieure s'était réfugiée en Savoie.

Vient ensuite un dossier de trois lettres (deux du roi et une
du duc) relatives à l'érection de Bourg en évêché. On sait
qu'elle avait été faite en 1515, à la prière du duc de Savoie ;
mais François Ier avait protesté contre cette innovation et le
pape avait rapporté l'année suivante sa bulle. Les lettres qui
nous occupent ont trait à la dernière phase de l'incident et

nous offrent un curieux témoignage de l'idée que François Ier
se faisait de ses droits et de ceux de son royaume.

« Mon oncle. Combien que par vostre lettre que m'aves
escripte faisant response à ce que vous avoye prié de fere
donner obeyssance par voz officiers de Bourg en Bresse à
l'execution des bulles de la revocation faicte par nostre sainct
pére de l'erection de l'evesché dudict Bourg et de l'arcevesché
de Chambery, vous m'avez escript que jà avyes donné l'ordre
necessaire envers vosdic . officiers pour le faict d'icelle execution, ce neantmoins, ainsi que j'ay esté adverty tant par
l'executeur desdictes bulles que par aultres notables personnages qui s'estoyent transporté avec luy pour assister à ladicte
execution, vosdicts officiers et aultres voz subgectz ont faict
plusieurs grosses rebellions et insolences contre ledict executeur et ceulx de sa compagnie et aussi aucuns de mes officiers
de Lyon qui y estoyent allez pour mon interest sans vouloir permectre de faire ladicte execution en usant sur eulx de grosses
menasses tellement qu'ilz se sont trouvez en trés grant danger
de leur personnes, et, oultre ont vosdicts officiers et aultres
vosdicts subgectz intergecté sur ce certaines appellations à
nostre sainct pere pour de plus fort retarder icelle execution,
et, pour ce, mon oncle, que je desire de tout mon cueur
mectre à fin ladicte revocation, et que, comme je vous ay
plussieurs foys amplement escript, je ne vouldroye pour riens
souffrir ladicte erection ne tellement laisser entreprendre en
mon temps sur les droitz de mon royaume, j'ay bien voulu de
rechefz vous en escripre affectueusement, affin que vuelles
entendre à faire vuyder ce affaire par voye amyable, vous
priant, mon oncle, de mander de rechefz à vosdicts officiers
et gens de vostre conseil quilz ayent à souffrir faire ladicte
execution, et de me reintegrer en mes droiz sans permectre
aucune resistance estre faicte au contraire, et y faire en sorte
de vostre part que ceste matiere se vuyde par ladicte voye
amyable, et non par aultre moyen, laquelle chose si ainsi estoit
ne me seroit aucunement aggreable, vous priant de rechefz,
mon oncle, le vouloir ainsi fere sans plus mectre ladicte

matiere en dissimulation, et vous me feres tres aggreable plaisir en ce faisant. Et adieu, mon oncle, qui vous ait en sa saincte garde. Escript à Ablon sur Seyne le premier jour de mars. »

(Double de la response que monseigneur feist au Roy.)

« Mon très cher s^r. Si humblement que faire puis à vostre bonne grace me recommande. »

« Monsr, jay receu la lettre qui vous a pleu m'escripre du premier de mars, comme aves esté adverty que, par mes officiers et subgects de Bourg ont esté faictes des insolences contre les executeurs des bulles apostolicques touchant la revocation de l'evesché de Bourg. Monsr, je seroye bien marry quils heussent actempté chose qui vous fust aulcunement à desplaisir, et croye que cella ne se trouvera point, mais bien ay je esté informé du contraire, et que plustost ont esté usez daucuns termez et langaiges par lesdicts executeurs, que suis certain n'estre procedez de vostre voulenté, comme il vous plaira veoir, par le double des informations qui en ont esté prinses. Monsr, quant à vouloir entendre de vuyder ce affere par voye amyable, comme il vous plait me mander, c'est la chose que j'ay tousjours desiré et desire merveilleusement : parquoy, Monsr, s'il vous plait que mons^r larcevesque et mess^rs du chappitre de Lyon qui pretendent interest en ceste matiere envoyent icy quelcun, je manderay l'evesque de Maurienne pour m'employer à mon pouvoir d'y dresser quelque bon appoinctement, et que ceste matiere se vuyde par ladicte voye amyable, comme celluy qui desire fere chose qui vous soit aggreable et acomplir tousjours voz bons plaisir à mon pouvoir. Priant nostre s^r qui vous doint, mon trés cher s^r, très bonne vie et longue. Escript à Thurin le XVII davril 1517. »

(Double de la lettre qu'il escripvit à Monsr de Morette.)

« Trés cher, bien amé, feal conseiller et chambellan. Il a

pleu au Roy nous escripre pour quelque rapport qui luy a esté faict par les officiers commis qui furent dernierement à Bourg pour executer la revocation de l'evesché, comme verres par le double de sa lettre. Nous luy faisons response et vous envoyons la copie, ensemble les informations lesquel vous presenteres audict s' s'il luy plait le faire veoir, en luy tenant au surplus, de nostre part les mesmes propos que verres par ladicte lettre que lui escripvons et, nous advertissant de sa response comme saures bien faire, et qu'en avons entiere con-confiance, vous disant adieu. Le XVII⁰. »

(Billet en ladicte lettre de mons' de Morette.)

« Si le roi ne trouvoit bon que ceulx de Lyon deussent envoyer icy et qu'il voulsist que cecy se feist en court ou ailleurs vous dires que estant adverty de sa voulenté, je mec-tray peine que ledict evesque de Mauriene y envoyera. »

(Double de la derniere lettre que le Roy en a escripte à monseigneur.)

« Mon oncle. J'ay esté adverty que voz subgectz de Bourg ont puis nagueres obtenu une provision de Romme pour jouyr de l'evesché à vostre requeste creé à Bourg, et usurper sur mon honneur et auctorité et sur les droitz de l'arcevesché de Lyon, nonobstant la revocation que en a dernierement faict nostre sainct père, et aussi la promesse que vous m'en aves faict, et les parolles que vous m'aves tenues de plus ne souffrir ne permectre que le faict dudict evesché ainsi usurpé tirast en avant : et veullent vosdicts subgects de Bourg jouyr dudict evesché, et ont fait signiffier ladicte provision ainsi obtenue par faulx donnes à entendre à nostre sainct pere, à mes subgectz, et ce, sur censures et aultres peines contenues en ladicte provision, dont je n'ay cause d'estre content de vous, actendu les choses dessus dictes, et mesmement que mon conseiller et ambassadeur, maistre Jehan Cordyer, estant puis nagueres aupres de vous a remonstré ce affere pour y pourveoir, ce que n'aves voulu feire, mais luy aves faict response que ne vous en mesles point et que ce sont voz subgectz; et, pour ce que ceste matiere me touche de trop pres, car il est question de mon honneur et auctorité et des droiz de mon royaume, lesquelz pour chose de ce monde ne vouldroye laisser perdre ny diminuer, mais plustost de tout mon povoir les veulx croistre et augmenter, en ce que possible me sera, à ceste cause, vous ai bien voulu escripre ceste lettre pour vous advertir que, incontinent et à dilligence vous y veuilles pourveoir et remedier, en ensuyvant voz parolles et promesse que vous m'avez faicte en parlant avecques vous de ce affaire, vous estant par deca, aultrement soyez seheur que je mectray peine d'y pourveoir en sorte que mon honneur, auctorité et droiz de mon royaume y seront gardez, ainsi que ai donné charge à Villebresme, l'ung des gentilhommes de ma chambre presant pourteur, de vous dire. Et adieu mon oncle qui vous ait sous sa garde. Escript à Coussy le VIIIme jour de Juing[1]. »

Lyon, 8 mai 1522. Le roi prie la duchesse de Nemours de payer pour lui aux Suisses 40.000 écus dont il lui tiendra compte.

Bressieu, 7 juillet 1522. Le roi envoie au duc de Savoie M. de Saint-Saurin, son maître d'hôtel, avec sa réponse sur tous les points dont le duc avait entretenu le général de Milan.

Lyon, 1er octobre 1522. François Ier recommande à son oncle Labarre, bailli de Paris, qui a, avec la duchesse de Nemours, des difficultés au sujet de la vicomté de Bridiers.

1. Ces difficultés avec le duc de Savoie n'étaient pas encore terminées en 1531, puisque, le 13 avril de cette année, François Ier ordonnait au sénéchal de Lyon de requérir le duc de Savoie de contraindre les gens d'église de Bourg en Bresse à se mettre sous l'obédience de l'archevêque de Lyon, et aux commandants des gens de guerre de prêter main forte audit archevêque pour l'exécution des bulles apostoliques . soumettant Bourg à sa juridiction. Paris, 13 avril 1531. (*Catalogue des actes de François Ier*, n° 3961.)

Un intervalle de trois ans, et nous rencontrons une lettre écrite par le roi du camp de Pavie (20 février 1525) :

« Mon oncle. Je suis adverty qu'il y a en aucuns lieux de vostre pays de Pymont, sur le chemin de deça, de voz subgetz, maulvais garçons, sassins et larrons, lesquelz sont en armes et pillerie, destrossent et desrobent les vivres qui viennent icy pour la provision de mon camp et armee, qui sont choses que je cuyde estre seur, ne voullez souffrir ne permectre, parquoy vous en ay bien voullu advertir, affin d'y faire pourveoir incontinent, en sorte que moy ne madicte armee ne tombons en plusieurs inconvenients, car, comme assez de fois je vous ay escript et fait entendre, mes enemys ne me peuvent grever que par l'empeschement des vivres où ilz mectent la plus grande peine qu'ilz peuvent, et est à presumer qu'ilz ont compagnie et intelligence avecques ceulx qui pillent et destrossent lesdicts vivres ; et, pour ce, mon oncle, je vous prie en fere faire telle justice et demonstration que les autres y prennent exemple, et vous me ferez un très grant et singulier plaisir. Priant Dieu, mon oncle, qui vous doint ce que desirez. Escript au camp devant Pavye le XXe de Fevrier. »

Paris, 25 juillet 1527. François Ier témoigne au cardinal d'Ivrée toute l'indignation que lui a causée le sac de Rome et offre au pape un asile à Avignon. (Copie. Papier. Latin.)

Saint-Germain-en-Laye, 15 février 1528/9. Le roi ordonne au baron de Saint-Blancard de relâcher sur le champ la frégate appartenant à des Niçois, par conséquent à des sujets savoyards, qu'il a prise dans le port de Nice.

Saint-Germain-en-Laye, 15 février 1528/9. L'ambassadeur du duc de Savoie s'est plaint au roi que « plusieurs commissaires, sans touttesfoys faire appareoir de leurs commissions, ont journellement molesté et molestent » des habitants de Carignan trafiquant entre Asti, Gênes et Savone et la Savoie ; le roi écrit en conséquence au m^{is} de Saluces de faire cesser cet abus et l'invite à favoriser les Savoyards tout autant que ses propres sujets.

Tours, 4 août 1529. Le roi recommande au duc de Savoie le capitaine allemand Passavant, créancier du s^r de Carouge pour une somme de 900 écus.

Blois, 16 mars 1529/30. Le roi charge l'évêque de Tarbes de remercier le duc de Savoie de ses offres de service.

Une copie de la lettre bien connue de François Ier aux états de l'empire (Laon, 25 février 1535) et de la plus célèbre encore à Mélancthon (Guise, 28 juin 1535).

Lyon, 17 janvier 1535/6. Le roi dépêche au duc de Savoie Marc de Lusan et le prie de lui renvoyer sans retard le président Poyet.

Une lacune assez importante s'ouvre ensuite, mais, le 26 juin 1542, François Ier écrit à la duchesse de Nemours (Charlotte d'Orléans) cette curieuse missive :

« Ma tante. Les gens de mes comptes de Chambery m'ont adverty des lettres que leur avez escriptes sur la commission que je leur ay decernee à contraindre mes vassaulx et subjectz de Piemont et Savoye de me rendre la foy, fidelité et hommaige quilz me doibvent, et combien, ma tante, que je saiche trés bien comme cy devant avez faict et presté és mains de mon cousin, le conte de Sainct Pol, lors mon lieutenant audict pais, la fidelité, tant par vous que par voz pays de Genevoys et Foussigny, neantmoins, il est très requis pour l'establissement et seureté desdicts pais de Piemont et Savoye que tous subjectz d'iceulx me prestent la foy, fidelité et hommaige quilz me doibvent, et que en cela ame ne soit excepté, vous advisant que au regard de ceulx de vosdicts pays de Genevoys et Foussigny, je n'en demande ne veulx que le serment de fidelité comme souverain, et ce que j'en faict, n'est pour aucune chose innover en vosdicts pays ne pour en avoir profict, mais seullement pour estre recogneu d'eulx seigneur souverain comme je suys, et, me semble, ma tante, qui si leur voulunté est telle envers moy que escrivez à mesdicts gens des comptes, ils ne doivent refuser de faire ledict serment de fidelité, et, vous mesmes le debvez chercher et requerir, car je suis celuy qui à cause de la fidelité qui par vous et eulx me sera faicte, seray tenu les conserver et garder, et, aussi est-il requis qu'ilz me gardent la loyaulté et fidelité qu'ilz me doibvent : et ne veillie bon, ma tante, que puissiez respondre de chacune personne des subjectz de vosdicts pais, car il ne seroit raisonnable que portissiez la coulpe de ceulx qui pourroient cy apres commectre à l'encontre de moy quelque cas qui touchast madicte souveraineté. Parquoy, ma tante, pour les raisons que dessus, il fault que les subjectz de vosdicts pais ayent à s'acquiter dudict serment envers moy comme ilz sont tenuz, et que la commission que j'ay desernée aux gens de mesdicts comptes soyt executée comme il appartient. Priant sur ce nostre seigneur, ma tante, qu'il vous ayt en sa trés saincte garde. Escript à Joinville le XXVI° jour de Juing M V° XLII. » (Copie du temps.)

Ancien Archivio camerale (aujourd'hui 3° section de l'*Archivio di Stato*)[1]. — Cognac, 11 décembre 1542. Mandement au Parlement de Savoie de convoquer tous les taillables et affranchis, et de leur faire acquitter les droits qu'ils doivent. (Copie du temps. Papier. *Inventaire* 4, série 1, f. 3.) — Rouvre, 1er octobre 1546. Mandement à la Chambre des comptes de Savoie et de Piémont d'enjoindre à tous les vassaux desdits pays à déclarer quels fiefs et arrière-fiefs ils tiennent du roi en foi et hommage. (Copie du temps. Papier. *Ibid.*)

Pignerol. Archivio. — Turin, 14 janvier 1539/40[2]. Édit de François Ier autorisant les communes de Piémont à établir un

---

1. Nous devons à l'inépuisable obligeance de M. le baron de Saint-Pierre la connaissance des trois pièces suivantes.

2. V. *Monumenta historiæ patriæ*, t. XIV. *Comitiorum pars prior*, col. 1288 et ss.

impôt sur les biens-fonds et les fortunes mobilières, destiné à fournir les 2.000 francs nécessaires à l'achat des vivres pour les garnisons du pays.

Cherasco. Archivio. — Paris, 18 janvier 1527/8. Lettres patentes de François Ier séparant Cherasco de la ville d'Asti et confirmant les privilèges de la première[1]. (*Privilegi della citta di Cherasco. Mazzo 6, n° 56.*)

Brà. Archivio[2]. — 26 octobre 1526. Confirmation par François Ier des privilèges de la ville de Brà. (Bianchi, *Le carte degli archivi piemontesi*, p. 251.)

Asti. Archivio. — 1527. Exemption pour vingt ans du logement des troupes à la ville d'Asti. (Bianchi, *ibid.*, *ibid.*, p. 345.) — 1537-1531. Délais accordés à la ville d'Asti, par Louis XII, François Ier et Béatrix de Savoie. (Bianchi, *ibid.*, p. 343.)

Buttigliera d'Asti. Archivio. — 1515. Privilèges accordés par François Ier à Buttigliera d'Asti. (Bianchi, *ibid.*, p. 353.)

1. *Adriani. Indice analitico e cronologico di alcuni documenti per servire alla storia della città di Cherasco.* Torino, 1857, in-8°, n° 3032. — V. aussi *Voersio Historia compendiosa di Cherasco.* Mondori, 1618, in-4°, p. 290.
2. Malgré l'intervention de M. de Saint-Pierre, nous n'avons pu obtenir copie des quatre pièces suivantes.

MILAN

Nous avons exploré trois dépôts d'archives : l'*Archivio di Stato*, l'*Archivio civico* et la *Biblioteca Trivulziana*.

ARCHIVIO DI STATO.

M. le surintendant Cantu nous a confié, dès notre arrivée, à M. le chevalier Ghinzoni. Employé depuis 38 ans aux archives, M. Ghinzoni les connaît mieux que personne ; c'est à lui qu'on doit le classement du *Carteggio generale*, collection de dépêches diplomatiques sans rivale pour le xve siècle. M. Ghinzoni nous a ouvert sans restriction les trésors de son érudition et de son expérience. De peur d'être au dessous de la vérité, nous renonçons à louer son obligeance que tous les jours nous avons mise à l'épreuve et qui ne s'est jamais lassée ; nous sommes heureux de pouvoir lui envoyer tous nos remerciements.

Nous nous sommes trouvé en présence de plusieurs difficultés. La première provenait de l'état des archives qui n'ont ni répertoire ni inventaire imprimé ou manuscrit et dont certains fonds, les *Potenze estere*, par exemple, sont encore en voie de formation. La seconde était plus grave : les 27 classes de l'*Archivio di governo*[1], pour la plus grande commodité des par-

---

1. Voici le catalogue de ces classes :

1° *Acque.*	15° *Militare.*
2° *Agricoltora.*	16° *Polizia.*
3° *Albinaggio.*	17° *Popolazione.*
4° *Araldica.*	18° *Potenze sovrane.*
5° *Censo.*	19° *Potenze estere.*
6° *Commercio.*	20° *Sanita.*
7° *Confini.*	21° *Spettacoli.*
8° *Culto.*	22° *Strade.*
9° *Finanzia ossia Regalia.*	23° *Studi.*
10° *Feudi.*	24° *Tesoreria.*
11° *Fondi camerali.*	25° *Trattati.*
12° *Giustizia civile.*	26° *Tribunali.*
13° *Giustizia punitiva.*	27° *Vittuaria.*
14° *Luoghi Pii.*	

ticuliers, sont disposées par ordre alphabétique des personnes ou des lieux. Elles possèdent plusieurs milliers de cartons que M. Ghinzoni a bien voulu nous montrer. Pour les dépouiller tous, il eût fallu plusieurs mois. Nous avons dépouillé plusieurs classes sans résultats. Découragé, pressé par le temps, nous avons pris le parti de les négliger entièrement.

En troisième lieu, nous avions à résoudre une question assez délicate. Louis XII, par un édit promulgué à Vigevano le 11 novembre 1499, institua dans le duché de Milan un Sénat composé de quatorze membres nommés par le roi et indépendants du gouverneur. Présidé par le chancelier du duché, ce Sénat pouvait approuver ou rejeter les ordonnances du roi; les grâces, les dons royaux étaient sans effet dans le Milanais, s'ils n'avaient pas été entérinés par le Sénat. Les actes étaient rendus au nom du roi et en latin. Ils sont conservés dans les registres dits de *l'Antico Senato* et quelques-uns sont aussi disséminés dans les registres de *l'Archivio Panigarola*. Ce Sénat fut confirmé par François I⁰ʳ. Ses actes peuvent se diviser en trois catégories :

1° Les plaidoiries faites devant le Sénat;

2° Les arrêts, les décisions du Sénat. Ces documents, reconnaissables à la formule finale : *Ad relationem Consilii* ou *Senatús*, sont datés de Milan et pris au nom du roi, même lorsqu'il n'était pas dans le Milanais. Importants pour l'histoire locale, pour l'étude de l'organisation française en Lombardie, n'émanant pas du roi, ils nous ont paru ne pas devoir figurer dans le recueil de l'Académie. Avec l'assentiment de la commission, nous ne nous sommes pas occupé d'eux;

3° Des ordonnances, des lettres patentes, etc., rendues par François I⁰ʳ, tantôt en latin, tantôt en français, à Milan ou ailleurs, et accompagnées de sa signature. Après avoir pris l'avis de la commission de l'Académie, c'est à recueillir cette troisième série de documents que nous nous sommes attaché.

Enfin nos recherches dans le *Carteggio generale* ou *Dominio Sforzesco*, sur lequel nous avions fondé de grandes espérances, ont été stériles. Très riche pour le xvᵉ siècle, il est fort pauvre

pour les vingt-cinq premières années du xvi° siècle. La période
comprise entre 1515 et 1525 ne comporte qu'un carton fort
mince où quelques lettres d'ambassadeurs milanais se trouvent
pêle-mêle avec des actes sénatoriaux. A en croire les traditions
des archives, on devrait faire remonter l'origine de ce déficit
aux Français qui, en abandonnant le Milanais, auraient emporté
les papiers de leur chancellerie. Sans vouloir discuter la
valeur de ce dire, nous remarquerons seulement que, par une
déplorable coïncidence, on constate dans les registres du trésor
des Chartes, sous Louis XII, une lacune presque aussi considérable, car elle s'étend de 1505 à 1514.

En résumé, nous avons dépouillé avec fruit les sections suivantes : 1° *Registres de l'Antico Senato;* 2° *Registres de Pane-
garola;* 3° *Gride;* 4° *Diplomi reali;* 5° *Potenze Estere;*
6° *Autografi.*

Voici le résultat de notre travail dans chacune d'elles :

Registres de l'Antico Senato. — Les registres du Sénat appartiennent à la *Sezione judiciaria :* ils sont au nombre de huit,
pour l'époque de François Ier, et les documents ne sont pas
classés dans un ordre rigoureusement chronologique : ce sont
des volumes in-4° sur papier, recouverts en peau de daim verte
ou jaune. La numération des folios se suit d'un registre à
l'autre : cette foliotation date du siècle dernier. On aperçoit
encore sous les chiffres modernes les chiffres anciens contem-
porains de la transcription des registres. Voici la progression
des registres :

1° 601-765 ;
2° 766-887 ;
3° 889-926 ;
4° 1164-1309 ;
5° 1311-1412 ;
6° 1413-1524 ;
7° 1525-1607 ;
8° 1608-1780.

La numérotation moderne indique que les lacunes lui sont postérieures. Dans le système primitif, chaque tome avait sa pagination particulière.

Depuis le xviii⁰ siècle, on a donc perdu les folios 927 à 1163. Les folios antérieurs à 600 existent encore et se réfèrent au règne de Louis XII.

Le registre 3 de notre liste est formé presque uniquement des lettres patentes émanées directement de François Ier; il est donc, à notre point de vue, le plus intéressant ; il contient en outre les pièces les plus anciennes. Pour ce double motif, les employés de l'*Archivio* le considèrent comme le premier. Il est malheureusement en très mauvais état et incomplet. La plupart des feuilles sont rongées au haut et au bas par l'humidité, au point que cinq ou six lignes par page sont illisibles ou manquent. — Paris, 4 janvier 1514/15. Lettres patentes de François Ier en faveur d'Antoine Trivulce, évêque de Côme, et de Jérôme, Alexandre et Jean Trivulce, f. 896 v⁰. (Intérination du Sénat de Milan, 9 juillet 1515, f. 900.) — Pavie, 24 septembre 1515. Don du péage du pont de Grivaloni (?) à Augustin Buttigella, f. 867 v⁰. (Intérination, 12 décembre 1515, f. 868.) — Pavie, septembre 1515. Don de la seigneurie de Soncino[1] à Artur Gouffier, seigneur de Boysy, grand maître de France, f. 859. (Intérination, 23 novembre 1515[2].) — Vigene, 4 novembre 1515. Confirmation du don de la vallée de Lugano, faite par Louis XII au comte Mainfroy Courrenet, f. 892 v⁰. (Intérination, 27 mai 1516, f. 893.) — Milan, 18 novembre 1516. Lettres patentes en faveur de dame Pagana, f. 888 v⁰. (Intérination, 18 décembre 1515, f. 890.) — Milan, 19 novembre 1515. Confirmation de la vente des biens de Pierre Pusterla et de sa femme, f. 868. (Intérination, 1er décembre 1515, f. 863). — Milan, 20 novembre 1515. Etablissement d'une foire à Vicomercati, f. 1639[b]. (Intérination, 15 novembre 1515, f. 1640. — Milan, 26 novembre 1515. Lettres de rémission en faveur de Gabriel Stanga, f. 894. (Intérination,

---

1. Province de Crémone, arrondissement de Crême.
2. Galantino. *I Gouffier de Boysy. Supplemento all' appendice del volume terzo della storia di Soncino.* Milano, tip. Bernadoni di C. Releschini, 1881 (p. 180).

juin 1516, f. 395 v°.) — Milan, novembre 1515. Confirmation du don fait par Louis XII à Roger, baron de Béarde, des biens confisqués sur Jérôme Court, f. 877 v°. (Intérination, 14 janvier 1516/7, f. 879.) — Milan, novembre 1515. Lettres de rémission en faveur de Gaspard Sormano, f. 866. (Intérination, 5 décembre 1515, f. 867.) — Milan, novembre 1515. Lettres de rémission en faveur de Baptistin de Basilica Petri? f. 865. (Intérination, 5 novembre 1515, f. 865 v°.) — Milan, 1er décembre 1515. Don de la terre de Propera, située dans le territoire de Pavie, à la dame Marguerite et au seigneur Charles de San Severino, f. 832 v°. (Intérination, 29 janvier 1516/7, f. 884). — Milan, 24 décembre 1515[1]. Erection en comté de la seigneurie de Soncino en faveur de Boysy, f. 873 v°. (Intérination, 11 janvier 1516.) — Bologne, décembre 1515. Don à Trivulce, évêque de Côme, des biens confisqués sur Pierre de Sclavi, f. 870. (Intérination, 10 janvier 1515/6.) — Milan, 4 janvier 1515/6. Confirmation du don fait par Louis XII à Antoine-Marie Garimberti de certains biens situés dans le Milanais, f. 886. (Intérination, 26 janvier 1515/6, f. 882.) — Milan, 7 janvier 1515/6. — Lettres de rémission pour François Cagatosico, coupable de rébellion, f. 884 v°. (Intérination, 21 janvier 1515/6, f. 886 v°.) — Milan, janvier 1515/6. Lettre de rémission pour Jean et Alexandre de Vistarino, f. 890 v°. — Milan, février, 1515/6. Confirmation des privilèges accordés à Nicolas Petronio de Crémone, par Louis XII, f. 887. — Moulins, 29 juillet 1516. Confirmation des privilèges accordés par Louis XII à Louis d'Ars, duc de Terme, f. 1436. — Paris, octobre 1516[2]. Don à Artur Gouffier des confiscations dévolues à la chambre royale dans le territoire de Soncino, f. 912 v°. (Intérination, 13 septembre 1516, f. 914 v°.) — Amboise, 26 novembre 1516. Lettre de rémission en faveur de plusieurs Milanais nommés dans l'acte, f. 1413 v°. (V. copie, *Bibl. Trivulziana*, cod. 1130.) — Amboise, novembre 1516. Réintégration de Galeas Visconti dans tous ses

---

1. Galantino, *op. cit.*, p. 185.
2. Galantino, *op. cit.*, p. 192.

biens, f. 1419. — Amboise, novembre 1516[1]. Lettres de rémission en faveur de plusieurs Milanais, f. 1416. (V. *Bibl. Trivulz.*, cod. 1130.) — Amboise, 3 décembre 1516[2]. Ordre au Sénat de Milan d'entériner sans restriction le don des confiscations fait à Artur Gouffier en octobre 1516. — Paris, 4 février 1516/7. — Confirmation en faveur d'Antoine de Ferrussino, chevalier de l'ordre de Jérusalem, du don de la seigneurie de Perezadio fait par Louis XII à sa famille, f. 1427. (Intérination, 9 mars 1517/8, f. 1429 v°.) — Paris, 8 mars 1516/7. Lettres de grâce pour Galeas Visconti, f. 1468 v°. (Intérination, 16 juin 1517, f. 1472 v°.) — Paris, 8 mars 1516/7. Lettres de grâce pour plusieurs Milanais nommés dans l'acte, f. 1473 v°. — Paris, 8 mars 1516/7. Provision de l'office de chambellan du roi et de sénateur pour Galeas Visconti, f. 1467 v°. (Intérination 7 juillet 1517, f. 1479.) — Saint-Maur-des-Fossés, avril 1516/7. Don à Pierre-François de Noyer, écuyer du roi, de 400 écus de rente, f. 1514. — Paris, 30 avril 1517. Don de la terre de Robecho à Louis d'Ars, duc de Terme, f. 1487. (Intérination, 12 octobre 1517, f. 1490.) — Paris, 3 mai 1517. Confirmation des lettres de grâce accordées à Baptistin de Basilica Petri (?), f. 1520. — Argentan, 8 octobre 1527. Provision de l'office de sénateur de Milan pour Ambroise de Florence, f. 1499 v°. — Amboise, 14 janvier 1517/8. — Lettre de naturalité milanaise pour Etienne Robba et son fils Olivier, f. 1544 v°. (Intérination, 13 avril 1518, f. 1546). — Amboise, 20 janvier 1517/8. Confirmation du don de 400 écus de rente fait à Pierre de Noyer, écuyer du roi, f. 1533. (Intérination, 4 février.) — Amboise, 10 mai 1518. Confirmation du don de la terre de Robecho fait à Louis d'Ars, duc de Terme, f. 1565 v°. (Intérination, 9 juillet 1518, f. 1566 v°.) — Paris, 16 février 1518/9. Confirmation en faveur de Frédéric et Thorin de Flisco de la donation faite par Louis XII à leur père, f. 1774. (Intérination, 18 septembre 1520, f. 1775.) — Cognac,

---

1. *Archivio storico italiano*, 1re série, III, p. 898.

2. Nous n'avons pu retrouver cette pièce indiquée par Galantino (*op. cit.*, p. 193) comme provenant des registres du Sénat de Milan.

9 mars 1518/9. Lettre de grâce pour Raphael Tormieli, sénateur de Milan, accusé de concussion, f. 1727. (Intérination,
1er juin 1520, f. 1728 v°.) — Blois, septembre 1519. Confirmation du don du comté de Pouil fait par Louis XII au marquis
Frédéric de Mantoue, f. 1749. (Intérination, 3 septembre 1520,
f. 1749 v°.) — Blois, 20 décembre 1519. Lettres subrogeant
César Trivulce, évêque de Côme, à la place de l'évêque de
Plaisance comme sénateur clerc de Milan pendant l'absence de
ce dernier, f. 1666. — Paris, 19 janvier 1519/20. Donation de
la haute justice d'Archonas au seigneur dudit lieu, f. 1628. (Intérination, 18 juillet 1519, f. 1629 v°.)—Cognac, janvier, 1519/20.
Provision d'Olivier de Lesquoet, prévôt de Nantes, comme
procureur général du roi au Sénat de Milan, f. 1711 v°. —
Saint-Jean-d'Angely, février 1519/20. Don à F. de Noyer de
la ville de Pontremoli, f. 1712. — Blois, 16 avril 1520. Mandement au Sénat d'entériner la donation précédente, f. 1721.
— Paris, 9 mai 1520. Nouvelle injonction au même effet que
la précédente, f. 1723 v°. (Intérination, 31 mai 1520, f. 1725.)

Diplomi e dispacci sovrani.— Le carton 25 de cette catégorie,
dépendant de la *Sezione storica,* contient trente-un actes du
temps de François Ier (20 novembre 1515 — 20 novembre 1536).
A l'exception des six pièces dont nous donnons plus bas la
liste, ce sont des actes du Sénat de Milan qui sont également
transcrits dans les registres de cette assemblée. Tout ce que
nous avons dit des actes sénatoriaux s'applique donc à vingt-
cinq de ces diplômes, avec cette différence que ces derniers
ne sont que les expéditions des décisions du Sénat qu'on a
remises aux impétrants. Ces documents, en parfait état de con-
servation, sont tous sur parchemin, magnifiquement écrits, et
ont presque tous gardé le sceau : il est en cire verte et pendant sur lacs de soie à double queue.

Milan, 20 novembre 1515. Lettres en faveur de Baptistin de
Laquilla, chambrier du pape. — Crémieu, mai 1516. Exemption de la taille pour le collège des jurisconsultes milanais et
leurs familles. — Paris, février 1517/8. Lettres en faveur de

Gaspard de San Severino. — Cognac, mai 1519. Confirmation des privilèges de la Chartreuse de Pavie. — Saint-Germain-en-Laye, 25 janvier 1526/7. Confirmation de la rémission de Jean-Clément Stanga. — Blois, 20 novembre 1530. Mandement au général des finances du Dauphiné de payer les arrérages de la pension de Barnabo Visconti.

Registres Panigarola. — Actuellement, l'*Archivio di Stato* possède vingt-cinq de ces registres embrassant la période comprise entre le 4 mars 1308 et le 18 juillet 1695. Chacun de ces registres est désigné par une lettre de l'alphabet : les registres M. R. Z. W. manquent depuis un temps immémorial. Les quatre derniers registres ont pour titres des lettres redoublées. Dans le classement des actes, l'ordre chronologique n'est que très imparfaitement suivi.

L'*Archivio Panigarola*, d'où proviennent les volumes qui nous occupent, dérivait son nom de la famille Panigarola, qui, dans le courant du xiv⁰ siècle, reçut la charge de transcrire dans des volumes *ad hoc* les actes ducaux : on y trouve donc des décrets des ducs, des cris, des confiscations, des statuts pour les Universités, etc. L'autorité des copies sorties de ces archives ne fut jamais contestée : elles étaient considérées comme archives ducales. Lorsque la lignée masculine des Panigarola s'éteignit, en 1716, la garde des archives en question fut confiée à deux monastères qui exercèrent leurs fonctions jusqu'en 1775, où, à la création de l'*Archivio publico*, l'*Archivio Panigarola* fut versé dans celui-ci.

Milan, 12 octobre 1515. Lettres de rémission en faveur de plusieurs rebelles nommés dans l'acte. (L. f. 297 v⁰. Copie, *Bibliot. Trivulziana*, cod. 1130.) — Milan, 15 octobre 1515. Lettres de naturalité accordées à plusieurs Génois nommés dans l'acte (K. f. 277). — Milan, novembre 1515[1]. Don à Jérôme

1. *Miscellanea di storia italiana*, t. III. *Documenti che concernono la vita publica di Girolamo Morone*, Torino, 1845, p. 214.

Morone du comté de Leucate (O. f. 127).—Milan, janvier 1515/6[1]. Concession d'articles à la ville de Milan (O. f. 40 v°). — Lyon, 8 juillet 1516[2]. Mandement au général des finances de Milan et aux receveurs des entrées de faire payer à la ville de Milan 10.000 ducats, comme il est ordonné par les articles précédents (O. f. 13). — Lyon, 9 juillet, 1516. Ordonnance sur l'Annate (O. f. 25. Copie dans les *Gride* et à l'*Archivio civico. Lettere ducali*, 1503-1523, f. 140). — Lyon, juillet 1516[3]. Concession de nouveaux articles à la ville de Milan (O. f. 59). — Avignon, 7 novembre 1516. Ordre de rembourser 4.000 livres à Jean de Castillon (K. f. 282 v°). — Amboise, 20 janvier 1517/8. Ordonnance sur l'Annate (O. f. 179. Copie dans les *Gride* et à l'*Archivio civico, ibid.*, f. 164 v°).—Saint-Germain, 7 juin 1519. Ordonnance défendant aux officiers de justice d'expédier aucun procès en l'absence des sénateurs et aux deux receveurs des entrées d'accepter un compromis sans leur assentiment mutuel (O. f. 194. Copie, *Bibl. Trivulziana*, cod. 1130).— Saint-Germain, 7 juin 1519. Ordonnance sur les provisions de blé (O. f. 318 v°. Copie imprimée dans les *Gride*). — Saint-Germain, juin 1519. Ordonnance sur la chasse (O. f. 309. L. f. 12. Copie à l'*Archivio civico, ibid., ibid.*, f. 216 v°, et dans les *Gride*). — Pont de Cortègue, 24 octobre 1524[4]. Lettres de rémission pour les Milanais qui, ayant pris les armes contre le roi, seront rentrés à Milan dans dix jours (P. f. 214. Copie dans les *Gride* et à l'*Archivio civico, ibid., ibid.*, f. 226).

1. Formentino, *Il ducato di Milano*, Milano, 1877, p. 229, et *Archivio storico italiano*, 1re série, t. III, p. 359. Ce recueil publie trois autres pièces que nous n'avons pas trouvées aux archives de Milan. En voici l'analyse : 1° Lyon, 8 juillet 1516. Lettres patentes du roi interdisant aux gouverneurs des places fortes du Milanais de s'immiscer dans les procès des habitants du pays. (*Archiv. storico it., ibid., ibid.*, p. 390.) — 2° Lyon, 8 juillet 1515. Autre lettre dans le même sens (*ibid., ibid., ibid.*, p. 392). — 3° Amboise, 27 novembre 1516. Lettres d'abolition réintégrant dans leurs biens les rebelles exilés du duché de Milan. (*ibid., ibid., ibib.*, p. 398). Ces actes, comme tous ceux appartenant à l'*Archivio Panigarola* et cités dans le t. III de la 1re série de l'*Archivio storico italiano*, font partie de l'ouvrage intitulé : *Joannes Andreas de Prato, de Origine civitatis Mediolani.*

2. *Archivio st. it., ibid., ibid.*, p. 383.

3. Formentino, *op. cit.*, p. 250; *Archiv. st. it., ibid.*, p. 379.

4. *Ibid., ibid.*, p. 453.

Gride. — Sous ce titre, l'*Archivio di Stato* possède vingt-sept actes émanés du gouvernement de François Ier dans le Milanais. Six de ces actes sont promulgués par le roi directement; cinq de ces derniers sont transcrits dans les registres *Panigarola.* (V. plus haut.) Les vingt-une autres pièces ont été rendues au nom des différents gouverneurs de la province.

Saint-Laufranc, 7 novembre 1524. Ordre aux habitants de Milan de déclarer dans les dix jours aux généraux des finances les dettes qu'ils ont contractées envers des étrangers.

Potenze estere. — Cette série, très mal définie, est composée des débris du *Carteggio generale.* Elle nous a donné huit lettres missives en originaux que nous allons étudier en même temps que les quatre lettres fournies par la série désignée sous le nom d'*Autografi di Principi.*

Amboise, 19 mai 1518. Le roi défend aux commissaires de l'Annate dans le Milanais de réclamer à l'avenir à Jérôme de Mallebaille, son maître d'hôtel, l'Annate des terres de Bassignano et la Preda que Louis XII lui a données. (*Autografi di Principi.*)

La deuxième lettre (*Potenze Estere*) est adressée au marquis de Final :

« Mons' le Marquis, j'ay esté adverty que, combien que vous ayez parcidevant porté les meilleures parolles qu'il estoit possible à mon cousin, le conte Pétre Navarre, luy faisant entendre que vous desiriez sur toutes choses me faire service, que neantmoins vous avez fait par effect tout le contraire, et qu'il soit ainsi vous avez ordinairement donné tout l'ayde, port, secours et faveur à mes ennemys, de quoy vous vous estes peu adviser, dont je ne me puis trop esmerveiller, actendu mesmement que je vous ay tousjours tenu et reputé et tous ceulx de vostre maison très enclins et affectionnez envers moy et le bien de mes affaires; et que, oultre tout ce que dessus, estanz partiz puis naguères de Gennes le nombre de vingt-doux mulletz

chargez de draps de soye, et se voyans ceulx qui les condui-
soient estre pressez et chassez par aucuns de mes gens de
guerre estans soubz la charge de mon dict cousin, vous les
retirastes dedans l'une de voz villes et chasteau où depuis les
avez tousjours tenuz en seureté, sans jamais les avoir voulu
rendre ne delivrer es mains dudict conte, quelque chose qu'il
vous ait sceu escripre; et pour autant que je trouve merveilleusement estrange que par vous soit donné aucun port,
faveur ne ayde à mesdicts ennemys et aussi que pour riens je
ne vouldroye souffrir ne tollerer telles choses avoir lieu, à ceste
cause et que je tiens lesdicts draps de soye devoir estre de
bonne prinse actendu mesmement qu'ilz sont sortiz dudict
Gennes qui sont terres d'ennemys et poursuiviz, comme dit est,
par mes dicts gens de guerre, de sorte qu'ilz ne leur povoient
eschapper si lesdicts draps n'eussent esté recueilliz par vous,
je vous prie que vous vueillez incontinant delivrer tous iceulx
draps de soye és mains d'iceluy conte Petre Navarre pour en
faire ce que je luy escriptz presentement.

« Et, au demourant, pour ce que j'ay semblablement sceu
que vous avez piecà retiré par ci devant en vostre chasteau de
Final grant nombre d'autres marchandises appartenans aux
Genevoys. et pareillement plusieurs grosses sommes de
deniers, lesquelz deniers depuis vous avez trouvé façon par
subtilz moyens d'envoyer partie au dit Gennes et ailleurs, és
mains de mes dict ennemys, je vous prie semblablement, que
toutes les dictes marchandises ainsi despiecà retirées par
vous, ensemble l'argent qui pourroit estre encores entre voz
mains, que vous vueillez le tout mectre en depost sans en
retenir aucune choseés mains de celuy ou ceulx qui sera advisé
par ledict conte ; et, ledict depost fait, il verra apprés et enten-
dra les causes et raisons de ceulx qui y pretendent aucune
chose dessus, et leur fera raison et justice, vous advisant que
la où vous vouldriez faire aucune difficulté d'accomplir ce que
je vous escriptz cy dessus, ce que je ne pourroye bonnement
croyre ne penser que vous voulussiez faire, j'escriptz audict
conte vous courir sus comme à mon ennemy et adversaire, et

proceder de sorte à l'encontre de vous que tous autres y puissent prandre exemple en l'advenir, dont je vous ay bien voulu advertir. Priant Dieu, mons' le Marquis, qui vous ait en sa très saincte garde. Escript à Saint-Germain-en-Laye le neufiesme jour d'avril mil V° XXVI. »

Trois mois après, la ligue de Cognac a été conclue : le roi doit envoyer des secours à ses nouveaux alliés ; et le 16 juillet 1526, de Châtellerault, il annonce au duc de Milan le départ pour l'Italie de Jean de Trivulce avec sa compagnie, et il le prie de restituer à ce capitaine, dévoué à la France, les biens confisqués à sa famille. (*Potenze Estere.*) Francesco Sforza ne se hâta pas de satisfaire le roi : le 13 décembre 1527, d'Amboise, celui-ci renouvelait sa demande dans des termes plus pressants. Il écrivait, en effet, au duc de Milan :

« Mon cousin. Vous scavez que par le traicté de la ligue d'Ytallie, a esté dict et conclud que tous ceulx du duché de Millan qui sont hors de leurs maisons et biens pour mon service seroient remis et reintégrez en iceulx, et, pour ce que je veulx et desire singulierement, que ledict article soit gardé et observé, et entierement acomply, et que j'ay entendu que, en contrevenant à icelluy, vous avez destitué et deboutté mon cousin, le cardinal de Cosme et le conte Jehan Ferme et autres ses nepveux, filz du feu conte Jheronyme de Trévoulx, du conté de Melce en laquelle ilz avoient esté remis par vertu des lectres de nostre sainct pere, et l'avez baillé à ung autre, à ceste cause, mon cousin, j'ay bien voullu vous escripre la presente et par icelle vous prier que, actendu que ladicte conté n'est de grant revenu et que c'est des premiers dons que feist le feu roy Loys, à sa premiere conqueste du dict duché de Millan, et aussi en regard aux bons et grans services que mon dict cousin, le cardinal de Cosme, a faictz et faict ordinairement pour le bien commun de ladite ligue, et le grant travail qu'il a pris pour la conclusion et perfection d'icelle, vous le vueillez souffrir, ensemble ses dicts nepveux joyr et user dudict conté et autres leurs biens, desquelz ilz joyssoient devant leur partement d'Ytallie ; et, en ce faisant, me ferez aussi grant et agreable plaisir que s'il estoit question de mon faict propre ; par quoy, de rechef, je les vous recommande tant affectueusement que faire puys. Priant Dieu, mon cousin, qu'il vous ait en sa saincte garde. Escript à Amboyse le XIIIme jour de décembre. »

Du reste, la correspondance de François Ier, pendant les années 1526 et 1527, témoigne qu'il n'oubliait pas ses anciens partisans demeurés dans le Milanais et que leur attachement à la France avait lésés ou compromis : tantôt il demande, comme nous venons de le voir, la réintégration dans leurs biens pour ceux à qui on les avait confisqués ; tantôt, comme nous allons le voir, la confirmation de leurs lettres de grâce et l'assurance qu'ils ne seraient plus inquiétés à l'avenir ; d'autres fois enfin, leur mise en liberté. C'est ainsi qu'en 1526, il unit ses efforts à ceux des amis d'un prisonnier d'Etat, l'évêque d'Alexandrie, pour décider le duc à le délivrer. — Pallavicino Visconti, fils de François Bernardin, et traité de cousin par le roi qui invoque ses liens de parenté avec lui pour presser Sforza avec plus de succès, avait été promu à l'évêché d'Alexandrie le 23 juillet 1518[1] ; dès 1521, il conspirait contre les Français : ses menées étaient découvertes, et il se réfugiait à Milan[2]. Au mois d'août 1523, il était impliqué dans l'attentat que fit Boniface Visconti contre Francesco Sforza[3] : Boniface avait voulu venger Monsignorino Visconti que le duc avait fait exécuter ; et Pallavicino était le frère de la victime : accusé d'être complice[4], il fut emprisonné dans la citadelle de Crémone où sa captivité se prolongea au moins jusqu'en 1528. Dans cet intervalle, sa famille et ses amis tentèrent plusieurs fois d'obtenir son élargissement : le

1. *Italia Sacra*, Venetiis, 1719, IV, col. 323.
2. Guichardin, *Hist. d'Italie*, édit. du Panthéon littéraire, p. 596.
3. Guichardin, *ibid.*, p. 633.
4. Ce ne fut là sans doute qu'un prétexte, nous croyons qu'il faut chercher ailleurs la véritable raison ; il est plus probable qu'à cette époque Pallavicino était rallié à la France : autrement, en effet, on s'expliquerait avec peine l'intervention de François Ier en sa faveur et la facilité avec laquelle le gouvernement accueillit l'accusation de complicité.

6 mai 1525, de Plaisance, ses sœurs suppliaient le cardinal
Salviati, qui se rendait à Milan, d'intercéder pour leur frère
et joignaient à leur supplique une note où était exposé le cas
de l'évêque d'Alexandrie[1]. Les démarches de Salviati n'abou-
tirent pas, et le 1er octobre 1526, François Ier venait lui-même
solliciter Sforza (*Autografi di Principi*), et il semble qu'il n'en
était pas à sa première tentative.

« Mon cousin. Vous avez peu congnoistre par cy devant, tant
par ce que je vous ay envoyé que par ce que vous aura dit et
exposé de ma part le gentilhomme que avez dernierement
envoyé devers moy, le desir et affection que j'ay toujours eu
et ay encores à la delivrance et liberté de mon cousin, l'evesque
d'Alexandrie ; et ne faiz nulle doubte que outre cela n'ayez bien
entendu comme j'ay escript très affectueusement de ceste
affaire à nostre sainct pere le pape, et pareillement à la seigneurie de Venise, affin que d'un cousté ne d'autre il ne peult
survenir aucune difficulté pour empescher la dicte delivrance :
et combien que je pense estre tant asseuré de vous que ayant
entendu tout ce que dessus vous aurez de ceste heure delivré
mon dict cousin, neantmoings si ay je bien voulu envoyer
devers vous le sr de Catillon, gentilhomme de ma chambre,
porteur de cestes pour vous faire entendre et vous remercier
de ma part, si ainsi est que ayez faict la dicte delivrance, du
singulier plaisir et contentement que m'aurez fait en cest
endroit, et aussi pour acompaigner iceluy mon cousin par
deçà jusques au lieu où je seray, et, si tant estoit que à l'arrivée
de ce dict porteur de vers vous, il trouvoit que vous n'eussiez
encores fait la dicte delivrance, ce que je ne puis croyre que
n'ayez fait, qu'en ce cas il vous dye le desplaisir que j'ay eu et
auroye de sa longue prison, et qu'il ne bouge d'avec vous jusques
à ce que vous ayez delivré mon dict cousin ou qu'il ne me aye
escript et fait savoir sur le tout vostre intention, ainsi que plus
au long et par le menu luy ay donné charge expresse de vous

1. *Miscellanea di storia italiana*, t. III. *Documenti che concernono la vita publica
di Girolamo Morone*, Torino, 1845, in-8°, p. 366 et ss.

dire, par quoy je vous prie le croyre comme ma propre personne, et en ce faisant vous me ferez très agreable plaisir. Priant Dieu, mon cousin, qui vous ait en sa très saincte garde. Escript à Baugency, le premier jour d'octobre mil V° XXVI. »

Sforza ne donna pas satisfaction au roi : celui-ci revenait à la charge avec plus d'insistance un an après, le 9 janvier 1528 :

« Mon cousin. J'ay donné charge expresse au s' d'Este, porteur de cestes, lieutenant de la compaignie de mon cousin, le marquis de Saluces, de vous dire aucunes choses de ma part touchant l'affaire de mon cousin l'evesque d'Alexandrie, dont je vous prie entierement le croire et voulloir au demourant faire ce dont il vous requerra de par moy en faveur dudit evesque, en quoy faisant vous me ferez plaisir trés agreable que je recongnoistray envers vous quant de chose semblable me vouldrez requerir. Pryant Dieu, mon cousin, qui vous ait en sa très saincte et digne garde. Escript à Saint-Germain-en-Laye, le IXme jour de janvier. »

Il semble que cette fois Sforza eut plus d'égard aux recommandations de François Ier : en effet, le 24 février de la même année[1], l'évêque d'Alexandrie subissait un nouvel interrogatoire où il avouait que Boniface Visconti lui avait parlé de ses projets avant de les exécuter. Nous ignorons quand Pallavicino fut relâché et ce qu'il advint de lui après qu'il se fut démis de l'évêché d'Alexandrie, ce qui eut lieu en 1533[2].

Ces séries nous offrent quatre lettres d'un moindre intérêt : Dans l'une (Cambie, 12 juin), le roi annonce au comte Maximilien Stampa qu'il lui envoie des chiens de chasse. (*Autografi di Principi.*) Le 23 novembre 1526, de Saint-Germain-en-Laye, il rappelle à Sforza que le comte de Carpi, ambassadeur de France auprès du Pape, se rendant à Rome, passera à Milan, le prier de sa part de remettre Jean Clément Stanga en possession de ses biens : il insiste de nouveau pour qu'on

---

1. *Miscellanea di storia italiana*, t. III, p. 639.
2. *Italia sacra*, ibid., ibid.

fasse droit aux réclamations de ce sujet milanais. (*Autografi di Principi.*) Dans deux autres lettres sans importance (Auray, 21 août 1530, *Potenze Estere*, et Fontainebleau, 14 juillet 1531, *Autografi di Principi*), le roi notifie au duc le départ de deux envoyés qu'il dépêche auprès de lui.

Enfin la série *Potenze Estere* possède une pièce très curieuse qui paraît avoir échappé jusqu'ici aux recherches des érudits milanais[1], qui se sont occupés de l'ambassade de Merveille : c'est la lettre de créance remise par le roi à cet envoyé. Nous croyons devoir la reproduire quoiqu'elle soit assez banale dans la forme :

« Mon cousin. Allant presentement par delà Merveilles, gentilhomme de ma chambre, porteur de cestes pour aucunes ses affaires, je vous ay bien voullu escripre la presente par luy et luy donner charge de vous dire de mes nouvelles dont je vous prie le croire. Et si, au demourant, il a besongner de vostre bon aide et faveur en ses dictes affaires, vous me ferez très singulier plaisir de l'avoir pour recommander. Priant Dieu, mon cousin, qu'il vous ait en sa saincte et digne garde. Escript à Villiers Coste Raiz, le neufiesme jour d'octobre M. V XXXII. »

ARCHIVIO CIVICO.

Les neuf pièces que nous avons trouvées dans ces archives, très bien ordonnées par M. Pagani, appartiennent à la série des *Lettere ducali* et au registre de 1513 à 1523. — Milan, 27 septembre 1515. Défense à quiconque d'aller fourrager dans les environs de Milan (f. 121 v°). — Pavie, 1er octobre 1515. Défense d'aller étudier à une autre Université qu'à celle de Pavie (f. 123). — Milan, 4 octobre 1515, Provision de Louis Panigarola comme juge rural (f. 123). — Milan, 20 octobre 1515. Provision de Nicolas Chenu comme

---

1. V. *Archivio storico lombardo*, 1874, I, p. 249; 1875, p. 30.

prêteur de Milan (f. 126). — Milan, 15 novembre 1515. Provision de Charles de Trègue comme notaire rural à la place de Silvius Brasche (f. 129). — Lyon, 9 juillet 1516. Provision de Christophe Panigarola, docteur en droit civil et canonique, comme lieutenant royal à la chancellerie (f. 143). — Saint-Laufranc, 19 novembre 1524. Provision de Valentin Tardinora comme prêteur de Milan (f. 26). — Camp devant Pavie, 29 novembre 1524. Lettre du roi informant la Trémoille de la nomination précédente (f. 26).

BIBLIOTECA TRIVULZIANA.

En parcourant le catalogue de cette riche bibliothèque, dressé par feu M. Porro[2], nous avions noté plusieurs lettres patentes de François Ier et nous souhaitions vivement les transcrire. Nos vœux ont été exaucés, grâce à la complaisance de M. Algier, employé du consulat de France, qui nous a présenté à M. le prince Trivulce. Héritier des traditions de courtoisie et de libéralité de ses illustres ancêtres, de leur amour pour les lettres, de leur penchant à protéger les lettrés, le noble prince nous a non seulement communiqué les pièces indiquées par M. Porro, mais, prévenant nos désirs, il nous a ouvert les magnifiques archives de sa famille et nous a autorisé à y copier quatre documents. Qu'il nous permette de lui exprimer notre respectueuse reconnaissance.

Paris, 3 janvier 1514/5[2]. Confirmation de J.-J. Trivulce dans l'office de maréchal de France (*Cod.* 2252). — Paris, 3 janvier 1514/5. Confirmation de J.-J. Trivulce dans l'office de grand veneur du Milanais (*Archives*). — Camp de Turbigo, 4 octobre 1515. Sauf-conduit pour Benoît de Bondelmonte,

---

1. *Catalogo dei codici manoscritti della Trivulziana compilato da Giulio Porro.* Torino, Bocca, 1884, 1 vol. in-4°, xv-532.

2. Rosmini. *Dell' istoria intorno alle militari imprese e alla vita di Gian Jacopo Trivulzio....* Milano, 1815, t. II, p. 316.

serviteur de Laurent de Médicis (*Cod.* 1476). — Milan,
20 novembre 1515. Confirmation pour Jean du Ferrier, secrétaire de J.-J. Trivulce, dans l'office de greffier de capitaine de
la justice du duché de Milan (*Cod.* 2252). — Paris, janvier 1515/6. Confirmation par François Ier de l'édit de
Louis XII (12 avril 1513) approuvant les dons faits par J.-J.
Trivulce au comte de Musoc (*Archives*). — Amboise, 2 novembre 1516. Erection de la terre de Robecho en marquisat
en faveur d'Aimeri de San Severino (*Archives*). — Amboise,
novembre 1516. Donation de la terre de Cantu à Guillaume
Gouffier, s[r] de Bonnivet (*Archives*). — Amboise, 24 décembre 1517. Mandement au Sénat de Milan d'avoir à terminer le procès pendant entre Jean-Francisque Trivulce d'une
part, et Galéas de San Severino d'autre part, au sujet de la seigneurie de Châteauneuf (*Cod.* 2252). — Crémieu, 22 mai 1518[1].
Lettre de François Ier à J.-J. Trivulce l'engageant à pratiquer
avec les Suisses (*Cod.* 2252). — Saint-Germain, mai 1519.
Don de la seigneurie de Binascho à J.-J. Trivulce (*Cod.* 2252).
— Saint-Germain, mai 1519. Mandement au Sénat de Milan
lui interdisant de pourvoir aux offices vacants dans le Milanais
avant que le nombre des agents ait été réduit à ce qu'il
était sous Louis XII (*Cod.* 1130). — Saint-Germain-en-Laye,
26 janvier 1545/6. Mandement au parlement de Grenoble
d'examiner au fond et de terminer les procès pendant par
devant lui entre le procureur général et les détenteurs
de terres domaniales aliénées (*Cod.* 1568). — Amboise,
30 mars (?). — Lettre de François Ier à l'avoyer et au conseil
du canton de Lucerne relative à la possession de certaines
terres contestées aux Trivulce par les comtes de Bergamin
(*Archives*). — Paris, 19 mars (?). Ordre à un capitaine qui n'est
pas nommé d'obéir au marquis de Vigesne, lieutenant général
du roi en Lyonnais (*Archives*).

1. Rosmini, *op. cit., ibid.,* p. 324.

GÊNES

M. le commandeur Desimoni, surintendant des archives
liguriennes, avait une première fois, le 2 mai 1883, signalé à
l'Académie vingt-neuf actes de François Ier, contenus dans son
dépôt, puis il avait poussé plus loin ses recherches et, le 7 septembre, il ajoutait à sa première communication l'indication de
trois nouvelles pièces. Les archives de Gênes n'ont pas de
répertoire; mais M. Desimoni, qui y fait sa carrière, n'en ignore
aucuns recoins. Sa conscience et son dévouement à l'Académie
nous assuraient qu'après lui nous n'avions pas même à glaner.
Nous tenons à le remercier de la bonne grâce avec laquelle il
nous a reçu et fait copier les trente-deux documents dont nous
donnons la liste.

Après notre visite aux archives, nous nous sommes rendu à
Rapallo, auprès de M. le comte Riant, membre de l'Académie
des Inscriptions et Belles-Lettres que M. Geffroy avait bien
voulu prévenir de notre passage à Gênes. La connaissance des
hommes et des choses de l'Italie, chez M. Riant, ne le cède en
rien à sa compétence sans rivale pour ce qui concerne les
relations de l'Europe avec l'Orient latin. Aussi avons-nous
rapporté de la villa de Rapallo, avec le souvenir de la plus
aimable réception, les plus utiles conseils sur la marche à
suivre dans nos investigations et une foule de renseignements
précieux et de première main que son propriétaire est seul à
posséder. C'est avec un véritable plaisir que nous saisissons
cette occasion pour lui témoigner notre reconnaissance pour
son bon accueil, les lettres d'introduction qu'il nous a remises
et la façon gracieuse dont il nous a initié à son excellente
méthode de travail.

Materie politiche. — Milan, 20 novembre 1515. Réception par François Ier de la foi et hommage des Génois. — Milan, novembre 1515. Lettres de grâce pour les Génois. — Comieu, 11 juillet 1515. Lettres de sauvegarde pour les Génois commerçant en France. — Saint-Germain-en-Laye, 23 janvier 1527/8. Provision de l'office de capitaine de Chiavari pour Sinibald de Fiesque, comte de Lavani et de Saint-Valentin. — Paris, 1er juillet 1528. Remise de la ville de Savone aux Génois.

Littere Principi (mazzo 4). — Blois, 28 décembre 1516. Copie d'une lettre de François Ier en italien notifiant aux Génois qu'il vient de faire la paix avec l'empereur. — Malesherbes, 22 août 1519 (?). Le roi se plaint que la seigneurie de Gênes ait négligé de faire justice à Baptiste Scaglia et lui donne un mois pour y pourvoir. — Anet, 20 avril 1528. François Ier assure la confrérie de Saint-Georges de Gênes de ses bonnes dispositions envers elle. — Saint-Germain-en-Laye, 25 mai 1528[1]. Le roi informe la seigneurie qu'il a chargé le maréchal Théodore Trivulce de compléter les renseignements sur les affaires qui ont fait envoyer aux Génois des députés auprès de lui. — Fontainebleau, 11 juillet 1528. Le roi félicite la seigneurie des bonnes mesures qu'elle a prises pour la défense de Gênes, et lui annonce la prochaine arrivée du comte de Saint-Pol. — Fontainebleau, 11 juillet 1528. François Ier apprend à la seigneurie qu'à la requête de sa mère, il a accordé aux Génois la restitution de Savone et qu'il a fait expédier des lettres patentes à cet effet[2]. — Paris, 8 mai 1531. Lettre de sauvegarde en faveur de Louis de Ladon, négociant lyonnais. — Chambord, 20 février 1544/5. Le roi remercie la seigneurie des navires qu'elle lui prête, et la prie de les lui envoyer au plus tôt sous le commandement du capitaine Paulin (?).

Ce dossier contient dix-neuf autres lettres missives de François Ier, non datées et offrant peu d'intérêt.

1. Cette pièce et les deux suivantes sont imprimées dans *André Doria, Un amiral condottiere au xvi° siècle,* par Ed. Petit, Paris, Quantin, 1887, pp. 303-4-5.

2. Les lettres patentes dont il est question sont celles du 1er juillet 1528 qui se trouvent dans la catégorie des *Materie politiche.*

FLORENCE

Archivio di stato.

Sous l'habile direction de M. le commandeur Guasti, ce dépôt est devenu un des mieux organisés en Italie. Il est dans un ordre excellent : les principales catégories et collections sont cataloguées ; la plupart de ces inventaires manuscrits sont mis à la disposition des travailleurs. La publication de certains d'entre eux est déjà commencée [1].

M. Cesare Guasti, à qui nous étions recommandé par notre maître, M. Paul Meyer, a bien voulu faire explorer à notre intention les archives de Lucques et de Sienne dépendant de sa surintendance ; avec toute la courtoisie toscane, il nous a accordé les plus grandes facilités pour bien employer à Florence le temps limité dont nous disposions, aussi lui sommes-nous doublement obligé, et nous tenons à l'assurer de toute notre gratitude. M. Geffroy, au nom de l'Académie des sciences morales et politiques, avait prié M. Guasti de dresser la liste des actes de François Ier conservés à l'*Archivio di stato*.

La réponse était partie le 25 juin 1885 accompagnée de l'indication de dix-sept documents.

M. Guasti avait arrêté ses investigations aux originaux ; nous avons étendu les nôtres à quelques séries où copies et originaux sont mêlés, et nous avons passé en revue : *le lettere alla Signoria, le lettere ai X di Balia, le lettere agli VIII di Pratica, l'Archivio Mediceo, le Carte Strozziane* et la *Raccolta d'Urbino.*

Lettere esterne alla Signoria (1517-1522) :

1° Lyon, 8 juin 1522. Sauf-conduit et permission de trafiquer en France accordée à plusieurs Florentins (dans un vidimus du bailli de Mâcon, 25 juin 1528), f. 250.

---

1. *I Manoscritti Torrigiani donati al R. Archivio di stato di Firenze. Descrizione e Saggio.* Firenze, 1878.

2° Saint-Jean en Dauphiné, 3 juillet 1522. Sauf-conduit octroyé à quelques Florentins. (Dans un vidimus du bailli de Mâcon, 8 juillet 1522), lat., f.

Lettere esterne ai X di Balia da aprile a decembre 1527. — Amiens, 19 août 1527. Lettre de créance pour Grégoire Casale, envoyé comme ambassadeur auprès du duc de Ferrare (copie sur papier), lat., f. 91.

Lettere esterne agli otto di Pratica (1521-1527). — Dijon, 1er avril (1521). Le roi remercie les huit de Pratique des offres de service qu'ils lui ont faites par l'intermédiaire de Renzo de Cere et Nicolas Ranuce, secrétaire du roi (f. 381).

Archivio mediceo antico. — Carmagnola, 19 août 1515[1]. Le roi invite Barthélemy d'Alviano, général des Vénitiens, à empêcher l'armée espagnole d'opérer sa jonction avec les Suisses (*filza* 105, f. 1). — Milan, 18 octobre 1515. François Ier informe Laurent de Médicis de l'envoi du sr de Bonnivet comme ambassadeur auprès du pape (*filza* 110, f. 76). — Tarascon, 4 février 1516[2]. Le roi annonce à Laurent de Médicis la mort du roi d'Aragon : il va rappeler au pape les promesses qu'il lui a faites à Bologne relativement au royaume de Naples (*filza* 105, f. 9).

Viennent ensuite cinq lettres écrites par le roi pendant le siège de Pavie : les quatre premières nous paraissent assez intéressantes pour être reproduites *in extenso* :

« Mon cousin. Je vous envoye une lettre que La Mothe au Groing a escripte à mon cousin l'admiral, et par là vous verrez comme luy et tout ce qu'il mene pourra estre jeudy prochain à Monteche : par quoy, je vous prye, mon cousin, que, au mesme temps, vous vous y vueilliez trouver, affin de acompaigner le tout avec voz gens, seurement jusques icy, avec la

1. Desjardins, *Négociations de la France avec la Toscane*, II, p. 712.
2. *Ibid.*, *ibid.*, p. 764.

faveur de l'armee de mon cousin, le duc d'Albanye, et vous me ferez trés singullier plaisir. Priant Dieu, mon cousin, qui vous ait en sa saincte garde. Escript à l'abbaye de Saine Lenffranc prés Pavye, le XIII° jour de decembre, au soir. »

« Mon cousin. J'ay veu par les advertissemens que vous avez euz venans de Cremonne, que noz ennemys s'efforçoyent faire pont sur le Pau pour donner quelque empeschement ou au passaige de Monsr d'Albanye, ou à vostre retour, avec ce que vous admenez; et, pour ce qu'il me semble, que vous estes si prés de secours que au moindre advertissement que vous sauries avoir de leur passaige, en le me faisant savoir, je vous envoyeray telle force qu'elle sera non seullement suffisante pour passer en despit d'eulx, mais pour leur rompre les testes. s'ilz se treuvent à vostre chemin, à ceste cause, je vous prye mon cousin, gecter bonnes espies sur les champs, et mesmement delà le Pau, et y envoyer cent de voz chevaulx legiers à celle fin que vous puissiez estre adverty à la verité du chemin qu'ilz tiendront, et quel nombre ilz seront; et si tant est qu'ilz entreprennent de vous venir au devant, entendez que je donneroy si bon ordre que vous serez secouruz, et à temps : qui sera la fin après avoir pryé Dieu, mon cousin, qui vous ait en sa garde. Escript à Saint Lafranch, le XIIII° jour de decembre. »

« Sig^or Jovan, perche a me e de grandissima importancia de poterme servire de la rocca de Montesei, vi prego sopra tutti li piaceri mi sapereti fare, comettere al vostro capitanio li de quel loco che voglia tore dentro un gientilomo de Monsign^or l'amiraglio et uno del s^or Federico de Bozulo et ch' el dicto capitanio facia tanto quanto quel de monsig^or l'amiraglio li dira, et se lui paresse che quello capitanio nostro li in quel loco non fusse de li fidati vostri vi prego ad metergiene un altro per qualche giorni per essere la cosa de grande importancia come poi ve diro a la venuta vostra che sara el fin de questa che Deo vi doni vita longa. In el mio felixissimo campo apresso Pavia ali XIIII jorno de decembre 1524. »

« Seigneur Johannin. J'ay esté adverti qu'il est encores demoré à Parme II° barrilz de poudre lesquelz il ne faut pas laisser là, et vous prie que vous les amenez quant et vous et retournez pour les faire conduire, et si vous avez pour ce faire besoing de quelque gens de cheval, j'escriptz à la compaignie qui est par delà de vous en bailler, et aussi des mullets pour amener lesdites poudres : et, icelles recouvertes vous prie vous en venir incontinant devers moy; et sur ce je vous diz adieu qui vous ait en sa saincte garde. Escript à l'abbaye de Saint-Lenfranc devant Pavie, le XXIII° jour de décembre.

« J'ai parlé à ce porteur, messire Léonard Bayart, qui vous aydera à amener lesdites poudres : vous savez de quelle importance m'est cella, et estant mes dits ennemys decà le Pau, il me semble que facillement vous le pourrez faire. »

Camp devant Pavie, 23 décembre 1524. Le roi écrit à Johannin de Médicis de croire tout ce que lui dira de sa part le sieur de Bressac, porteur de la présente (*filza* 47, f. 14).

Archivio Mediceo. — Grenoble, 3 août 1515[1]. Le roi avise le duc de Ferrare de son passage en Italie : il compte sur lui et l'invite à s'entendre avec les Vénitiens (*filza* 4726, f. 7). — Camp de Mirabel, dedans le parc de Pavie, 6 février 1525. Le roi remercie l'archevêque de Ravenne, évêque de Crémone[2], des bons offices qu'il lui a promis (*filza* 4727, f. 2bis). — Ligny, 10 juillet 1542. Le roi annonce au cardinal de Sainte-Croix l'arrivée en Italie du protonotaire Monluc, qu'il pourra croire comme lui-même (*filza* 4727, f. 3).

Corte strozziane[3]. — Amboise, 19 septembre 1516. François 1er félicite Laurent de Médicis de sa nomination comme duc d'Urbin et préfet de Rome (*filza* 9, f. 186. Copie en italien). — Romorantin, 9 janvier 1517 (?). Le roi prie le duc

---

1. Desjardins, II, p. 698.
2. Benedetto Accolti.
3. *Le carte strozziane del R. Archivio di stato in Firenze. Inventario.* Seria 1ª, vol. I, Firenze, 1884.

d'Urbin d'appuyer auprès du Pape sa demande d'élever à la dignité cardinalice l'évêque de Metz, frère du duc de Lorraine (*filza* 8, f. 3).

Les treize lettres suivantes appartiennent au dossier des lettres adressées au cardinal Salviati, légat en Lombardie, et sont toutes écrites pendant le siège de Pavie.

Camp devant Pavie, 30 novembre 1524. Le roi prie le cardinal Salviati de faire rechercher des voleurs qui ont pris à Alvyse de la Croix, procureur du roi à Milan, dans sa maison de Parme, un drap d'or (*filza* 151, f. 41).

Abbaye de Sallefranc (Saint-Lanfranc), 30 novembre 1524. Le roi envoie au cardinal le sieur de Saint-Tollere en qui il peut avoir toute confiance (*ibid.*, f. 268).

Abbaye de Saint-Lanfranc, 1er décembre 1524. Le roi envoie au cardinal le vicomte de la Mothe au Groing avec un message (*filza* 152, f. 5).

Abbaye de Saint-Lanfranc, 11 décembre 1524[1]. Le roi prie le légat de veiller à la sûreté des communications avec Rome, que de la cavalerie espagnole tente d'interrompre dans le territoire de Plaisance (*ibid.*, f. 119).

Abbaye de Saint-Lanfranc, 12 décembre 1524[2]. Le roi fait part au cardinal d'un succès remporté par les Français à Marignan sur le marquis de Pescaire, et du départ d'une armée française pour Naples (*ibid.*, f. 132).

Abbaye de Saint-Lanfranc, 15 janvier 1525[3]. Le roi remercie le cardinal de ses bons offices (*filza* 153, f. 140).

Camp de Pavie, 16 janvier 1525. Le roi recommande au cardinal le comte de Pontrésine, un des gentilhommes de sa chambre (*ibid.*, f. 119).

---

1. Desjardins, II, p. 803.
2. *Ibid.*, *ibid.*, p. 803.
3. Desjardins, II, p. 816.

Abbaye de Saint-Lanfranc, 25 janvier 1525[1]. Le roi demande au légat des vivres et des pionniers (*ibid.*, f. 239).

Abbaye de Saint-Lanfranc, 20 janvier 1525. Le roi envoie le sr De Rochefort, bailli de Dijon, à Ferrare ; en passant, il lui communiquera plusieurs choses de sa part (*ibid.*, f. 201).

Saint-Laufranc, 30 janvier 1525. Le roi dépêche le présent porteur Francisque pour lever des pionniers dans le Plaisantin (*ibid.*, f. 307).

Nous donnons en entier la lettre suivante :

« Mon cousin. Pour ce que je m'acten ayder et servyr des subgectz de nostre sainct pere comme je feroye des miens propres pour savoir à la verité sa voulonté estre telle et la nostre semblablement, j'ay à ceste cause advisé de vous pryer, mon cousin, pour autant que j'ay deliberé de bien tost partir d'icy, que vous et le sieur Laurens vostre frere veuillez donner tel ordre au castel Sainct Joan et y mectre si bonne provision que noz ennemys ne s'en puissent valloir ne servyr et mesmement pour les vivres qui me seroit un grant deservice sy tant estoit qu'ilz s'y vinssent loger. A quoy je vous prie encores un coup vouloyre faire vostre possible. Et adieu, mon cousin, qui vous ait en sa garde. Escript au camp près Pavye, le XXXe jour de janvier. »

Avant-garde devant Pavie, 13 février 1525. Le roi dépêche son secrétaire Sigismond au comte de Carpi ; à son passage, il lui fera une commission (*filza* 154, f. 119).

Avant-garde devant Pavie, 15 février 1525[2]. Le roi n'a pas ajouté foi aux faux rapports sur la conduite du légat ; il lui témoigne sa satisfaction (*ibid.*, f. 133).

Torrigiani. — Milan, 19 octobre 1515[3]. (*I manoscritti*, etc., p. 460. Pergamene, n° 85).

---

1. *Ibid., ibid.*, p. 823.
2. Desjardins, II, p. 829.
3. Nous ne donnons pas les analyses des six lettres patentes de la collection Torrigiani : elles ont été fort exactement faites dans l'ouvrage suivant : *I manoscritti Torrigiani donati al R. Archivio di stato di Firenze.* Firenze, 1878.

— 47 —

Tours, 13 août 1516 (*ibid.*, p. 462, n° 97).

Tours, 13 août 1516 (*ibid.*, p. 463, n° 98).

Amboise, 3 novembre 1516 (*ibid.*, *ibid.*, n° 99).

Saint-Maur-des-Fossés, 8 avril 1516/7 (*ibid.*, p. 464, n° 101).

Rouen, 16 août 1517 (*ibid.*, p. 465, n° 107).

Costantini. — Paris, 20 septembre 1536. Lettre de sauvegarde en faveur de J.-J. Tesi, gentilhomme romain. — Tourtres, 21 août 1538. Nomination de J.-J. Tesi en qualité de gentilhomme de l'hôtel du roi.

Soldani. — 15 janvier 1517/8. Don de 10.000 livres de rente à Laurent de Médicis, duc d'Urbin, à l'occasion de son mariage avec Madeleine de Boulogne. — 1519. Lettre de sauvegarde en faveur de Catherine de Médicis.

Rinuccini. — Milan, 3 janvier 1515/6. Lettre de naturalité française accordée à Philippe Buondelmonte, en récompense des services rendus par son père à Laurent de Médicis quand il vint en France pour son mariage.

Strozziane Uguccioni. — Fontainebleau, 9 janvier 1540/1. Lettre de naturalité pour Laurent Pucci, sous-doyen de l'église florentine. — Sans date, mais postérieur au 28 avril 1519. Ordre de payer à Gérard Bertolini, Florentin, trésorier du feu duc d'Urbin, 6.602 l. 18 s. et 4 d. t., reliquat de la pension annuelle de 10.000 l. assignée au prince jusqu'à sa mort.

Reformazione. Atti publici. — Milan, 7 janvier (1517?)[1]. Le roi annonce aux huit de Pratique qu'il a nommé le connétable de Bourbon[2], gouverneur du Milanais. — Beaugency, 5 octobre 1526. Le roi remercie les Florentins des assurances de dévouement qu'ils ont faites à M. de Langey : ressentiment du roi du traitement infligé au pape par les Espagnols. —

1. Desjardins, II, p. 750.
2. *Ibid.*, *ibid.*, p. 841.

Vincennes, 4 mai 1523[1]. Lettre de créance pour le marquis de Saluces, lieutenant général du roi, chargé de conclure un traité d'alliance avec les Florentins. — Marseille, 27 octobre 1533. Contrat de mariage d'Henri de France avec Catherine de Médicis.

Sienne. Archivio. — Châtellerault, 18 juin 1541[2]. Lettre de François Ier à Jérôme Bellomonte. — Moulins, 6 août 1541[3]. Autre lettre du même au même. — 11 mars 1543/4. Mandement de François Ier au Parlement de Rouen.

Lucques. Archivio[4]. — Dijon, 1er juin 1518. François Ier avertit le conseil des anciens que le sieur de Lautrec leur demandera de sa part un prêt d'argent : s'ils tiennent à l'amitié de la France, le roi compte qu'ils accorderont sa demande. — Compiègne, 17 septembre 1527. Concession de privilèges aux marchands lucquois. (Vidimus du 20 septembre 1528.) — Lyon, 8 juin 1533. Le roi écrit aux anciens pour leur demander de restituer ses biens à François de Pogge, fils de la femme de Bernard Teocrene, abbé de Froidefond. — Bresle, 12 novembre 1536. François Ier recommande aux anciens le Lucquois Baptiste de Corsanico, banni pour rébellion. (Les archives de Lucques ne conservent que la traduction italienne de cette lettre : elle fait partie des copies des lettres adressées aux anciens (n° 546, f. 18); elle est accompagnée d'une réponse des anciens au roi et d'une lettre de ceux-ci au cardinal de Tournon.)

---

1. Desjardins, II, p. 946.
2. *Milanesi Documenti per la storia del' arte Senese*, t. III, p. 318.
3. *Ibid., ibid.,* p. 321.
4. *Inventario del R. Archivio di Lucca*, tip. Giusti, 8 v., in-4°, 1872-1880.

BOLOGNE.

Archivio di Stato[1].

D'après des indications dues à M. Malagola, nous espérions rencontrer quelques lettres de François Ier dans les séries intitulées : 1° *Lettere di Principi, di cardinali e prelati al Senato* ; 2° *Lettere di diversi dalla Romagna e Marca al Senato*. Notre attente a été déçue : ces deux collections offrent des renseignements très précieux sur la guerre d'Italie, la conquête du Milanais et les mouvements des troupes dans l'Italie centrale ; la correspondance des légats pontificaux en Emilie y est conservée intégralement : mais aucun acte de François Ier n'en fait partie. Les lettres des *Principi*, des *cardinali*, etc., ne nous ont fourni qu'une lettre missive en italien, adressée de Milan, le 30 novembre 1518, par Lautrec, au Sénat de Bologne. (V. *Lettere di Principi*, etc., 1515-1519, f. 260.)

1. C. Malagola, *L'Archivio di stato di Bologna, dalla sua instituzione a tutto il 1882*. Modena, Vicenzi, 1883, part. I (76 p.), in-8°. L. Scarabelli, *Relazione delle importanza e dello stato degli Archivi Bolognesi*. Bologna, Zanichelli, 1874, p. 216, in-8°.

MODÈNE.

Archivio di Stato.

Ce dépôt considérable est fort important pour l'histoire des rapports de l'Italie avec la France, à la fin du xve siècle et au xvie siècle. C'est à Modène, en effet, que les ducs de Ferrare de la maison d'Este, spoliés, en 1598, par le Saint-Siège, de Ferrare et de Commachio, transportèrent leurs archives. L'*Archivio di Stato* est dans un ordre parfait, grâce à M. Campi et à M. le chevalier Foucard qui, depuis 1859, s'est voué avec une sollicitude admirable à l'œuvre de classer les monceaux de papiers qu'il avait trouvés à son arrivée. Les archives sont réparties maintenant en 112 salles. Les travaux dans la partie ancienne sont facilités par des inventaires manuscrits rédigés par M. Foucard qui, en attendant leur publication, ne cesse de les corriger et de les compléter. Nous ne vanterons ni sa complaisance ni sa science : elles sont trop connues. Nous tenons cependant à lui envoyer nos souvenirs reconnaissants.

Voici le résultat de notre séjour à Modène :

Cancellaria ducale. Documenti di Stati esteri. — Milan, 24 octobre 1515. Mandement de François Ier au podestat et à la commune de Parme d'envoyer deux députés à Milan pour recevoir ses ordres que leur transmettra le chancelier du duché. — Saint-Germain-en-Laye, 22 décembre 1530[1]. Ordonnance sur le domaine de la couronne. — Fontainebleau, janvier 1542/3. Déclaration portant que la chambre du domaine connaîtra de toutes les causes du domaine aussi bien en France qu'en Dauphiné, Provence et Bretagne. — Paris, mai 1543. Ordonnance réglant la juridiction de la chambre du domaine

---

1. Cette pièce et les quatre suivantes sont des traductions en italien d'ordonnances que l'envoyé du duc de Ferrare à la cour de France adressait à son maître en même temps que son paquet de dépêches.

et de la chambre du trésor. — Paris, février 1543/4. Ordonnance sur le droit d'aubaine. — Argentan, 8 octobre. Le roi recommande au Sénat de Milan les procès de la duchesse de Ferrare.

Une pièce non datée : c'est une ordonnance contre les révélateurs des secrets de cour.

Cancellaria ducale. Lettere di Principi esteri. — Cette série comprend 112 lettres missives de François Ier aux souverains de Ferrare. La première est du mois de janvier 1515 : la correspondance entamée au début du règne a continué jusqu'à la fin ; plusieurs lettres sont adressées à Renée de France. Nous ne donnerons pas de plus longues indications sur cette série de documents fort importants, nous réservant de les insérer dans un travail spécial que nous préparons sur les relations de François Ier avec la famille d'Este.

Archivio ducale. Secreto. Casa. — Saint-Germain-en-Laye, 28 janvier 1527/8[1]. Pouvoirs donnés par le roi à Antoine Du Prat, chancelier de France, etc., de traiter du mariage de Renée de France avec Hercule d'Este, fils d'Alphonse, duc de Ferrare. (Orig. sur parch.). — Paris, juin 1528[2]. Erection du comté de Chartres en duché, en faveur du mariage de Renée de France avec Hercule d'Este. (Orig. parch.) — Paris, juin 1528. Autorisation à Hercule d'Este et à ses enfants de posséder en France. (Orig. parch.) — Fontainebleau, juillet 1528[3]. Don à Renée de France et à Hercule d'Este son mari du duché de Chartres, de la châtellenie de Montargis et du comté de Gisors, au lieu des 250.000 écus d'or soleil qui revenaient à ladite Renée de la succession de son père. (Traduction italienne. Papier.) — Saint-Germain-en-Laye, 2 septembre 1528[4]. Pouvoirs conférés par le roi à Anne de Montmorency, grand maître et maréchal de France, à l'effet de traiter avec le délégué d'Alphonse

---

1. Voir Catalogue des actes de François Ier, n° 2852.
2. *Ibid.*, n° 3035.
3. *Ibid*, n° 3074.
4. *Ibid.*, n° 3136.

d'Este, duc de Ferrare, des terres à céder audit duc en compensation des sommes qu'il a prêtées au roi. (Traduction italienne. Papier.) — Saint-Germain-en-Laye, 3 septembre 1528. Mandement à la chambre des comptes de mettre le duc de Chartres en possession de son duché. (Copie du temps. Papier.) — Paris, 16 septembre 1528[1]. Mandement à la chambre des comptes de Paris d'exécuter les lettres relatives à la cession faite par le roi au duc de Ferrare des vicomtés, terres et seigneuries de Caen, Falaise et Bayeux. (Orig. parch. avec l'attache de la chambre des comptes du 19 septembre 1528.) — Fontainebleau, 21 septembre 1528[2]. Lettre de jussion pour l'enregistrement des lettres confirmatives de la vente faite par le roi au duc de Ferrare des vicomtés, terres et seigneuries de Caen, Falaise et Bayeux. (Orig. parch.) — Paris, septembre 1528[3]. Ratification de la vente faite par le roi au duc de Ferrare des vicomtés, terres et seigneuries de Caen, Falaise et Bayeux, moyennant 91.354 écus d'or soleil et 8 s. t. (Orig. parch.) — Fontainebleau, 12 décembre 1528. Lettre de naturalité accordée à Hercule d'Este et à ses enfants. (Orig. parch.) — Saint-Germain-en-Laye, 27 février 1528/9. Autorisation pour le cardinal d'Este, archevêque de Milan, de posséder des bénéfices en France. (Orig. parch.) — Rouen, 17 février 1531/2[4]. Lettre exceptant en faveur du duc de Ferrare de la réunion à la couronne les vicomtés, terres et seigneuries de Caen, Falaise et Bayeux. (Orig. parch.)

Archivio ducale. Secreto. Stato. — Amiens, 15 novembre 1521. Lettre de sauvegarde pour le duc de Ferrare et ses états (lat. Orig. parch.). — Saint-Just sur Lyon, 25 décembre 1525. Lettre de Louise de Savoie, régente, au duc de Ferrare, à l'effet de l'inviter à entrer dans la ligue qe'elle vient de con-

---

1. *Ibid.*, n° 3167.
2. *Ibid.*, n° 3177.
3. *Ibid.*, n° 3198.
4. Cette pièce, dont une expédition se trouve aux Archives nationales, P. 1305, p. 1301, était déjà signalée à l'Académie et figurera dans le tome II du Catalogue des actes de François Ier.

clure avec Henri VIII. (Orig. parch.) — Paris, 28 juin 1527. Provision de Lautrec comme lieutenant général du roi en Italie[1]. — Saint-Germain-en-Laye, 26 décembre 1527[2]. Ratification par François Ier de la ligue conclue entre le pape, Henri VIII, Venise, les ducs de Milan, de Mantoue, de Ferrare, la république de Florence et lui. — Saint-Germain-en-Laye, 29 décembre 1527. Nouvelle lettre de sauvegarde en faveur du duc de Ferrare et de ses états (lat. Orig. parch.). — Fontainebleau, 12 août 1528. Provision pour Hercule d'Este, fils aîné du duc de Ferrare, d'une compagnie de cent lances. (Orig. parch.) — Conches, 5 avril 1543/4. Nomination du cardinal de Ferrare comme ambassadeur du roi en Italie, auprès du pape, de Venise et du duc de Ferrare. (Orig. parch. Deux expéditions.)

Camera ducale. Cassa secreta, n° 225. — Il3 de Adami, 1er février 1536/7. Sauf-conduit pour la nef Alphonsine. (Traduction italienne.)

Bibliothèque. — Paris, 31 janvier 1542/3. Lectres du roi par lesquelles est ordonné que tous les capitaines, hommes d'armes et archiers des ordonnances dudict seigneur ayent à eux trouver et rendre sans nulz excepter pour tenir garnison et faire leurs monstres generalles en armes au premier jour de mars prochain és provinces cy après déclarées. (Imprimé. Caractères gothiques.)

1. Cette provision en latin est intercalée dans l'original sur parchemin et la lettre de créance remise par Lautrec à J.-J. de Pessano, envoyé au duc de Ferrare pour négocier son adhésion à la sainte ligue (Plaisance, 27 octobre 1527). Une copie de cette pièce est conservée à Florence (*Archivio di stato. Lettera esterne*, af VIII di Balia da Aprile a Decembre 1527, f. 40.)

2. V. Lünig, *Codex Italiae diplomaticus*, IV, p. 225.

MANTOUE.

Archivio Gonzaga[1].

Ce dépôt, un des plus importants pour l'histoire d'Italie au xve et au xvie siècle, et confié à M. Davari, ne nous a fourni qu'une lettre patente.

D. IX. 4. Villers-Cotterets, septembre 1539. Lettre de naturalité pour Frédéric de Gonzague, sa femme, ses fils et ses descendants. (Orig. sur parch.)

E. Esteri XV. 2. Cette série possède 117 lettres missives de François Ier, et plusieurs de Louis XI, Charles VIII et Louis XII. Comme pour les lettres missives de François Ier conservées à Modène, nous nous proposons de consacrer à celles-ci une étude plus approfondie dans un travail sur les relations de François Ier avec Modène et Mantoue : aussi ne les analyserons-nous pas ici.

1. Rappelons que M. Bertolotti, directeur de l'*Archivio di stato*, à Mantoue, avait, le 19 mars 1885, désigné à M. Geffroy les pièces que nous notons. L'*Archivio di stato*, de fondation récente, ne renferme que des papiers modernes.